jurispr. #473.A.

6137.

jur.

RECUEIL

DES LOIX CONSTITUTIVES

DES

ÉTATS-UNIS.

DE L'AMÉRIQUE.

1296

RECUEIL

DES

LOIX CONSTITUTIVES

DES

COLONIES ANGLOISES,

CONFÉDÉRÉES

SOUS LA DÉNOMINATION

D'ÉTATS-UNIS

DE L'AMÉRIQUE-SEPTENTRIONALE.

AVQUEL on a joint les Actes d'Indépendance,
de Confédération & autres Actes du Congrès
général, traduit de l'Anglois. (Par m. Regnier)

Dédié à M. le Docteur FRANKLIN.

A PHILADELPHIE,

Et se vend à PARIS, rue Dauphine,

Chez CELLOT & JOMBERT, fils jeune,
Libraires, la seconde porte cochere à
droite, au fond de la Cour.

M. DCC. LXXVIII.

EPITRE

A MONSIEUR
LE DOCTEUR FRANKLIN.

Monsieur;

Les Loix que j'ai raſſemblées m'ont paru un des plus beaux monumens de la ſageſſe humaine ; elles conſtituent la Démocratie la plus pure qui ait encore exiſté ; elles ſemblent déjà faire le bonheur des Peuples qui s'y ſont ſoumis ;

elles feront à jamais la gloire des Hommes vertueux qui les ont conçues.

VOUS êtes, MONSIEUR, un des principaux Membres de cette Société de Héros ; vous en êtes auſſi le plus connu parmi nous ; c'eſt donc ſous vos auſpices que doit naturellement paroître cette précieuſe Collection. Votre nom donnera, en quelque ſorte, un nouveau degré d'intérêt aux vérités politiques. qu'elle contient.

JE ſuis avec un profond reſpect,

MONSIEUR,

Votre très-humble & très obéiſſant Serviteur
REGNIER.

AVERTISSEMENT.

LES Loix conftitutives des Etats-Unis de l'Amérique, formées par une Nation policée dans un fiecle auffi éclairé que le nôtre, ne peuvent manquer d'intéreffer tout homme qui penfe; elles feront d'un intérêt frappant pour le Politique, l'Hiftorien & le Négociant de tous les Pays.

Cette confidération a donné l'idée de réunir ces Loix (qui n'ont été publiées que par lambeaux dans divers Journaux étrangers) en autant de parties qu'il y a d'Etats compofant cette nouvelle République, en commençant par les Loix générales du Congrès continental, & en continuant celles de chaque Etat en particulier.

Ce Recueil ne contient encore que les Loix générales de la grande République, telles que la Confédération, l'Acte d'Indépendance, les Regles de la Navigation, &c. & les Constitutions particulieres de six Provinces ; savoir, Pensylvanie, Nouveau - Jersey, Delaware, Maryland, Virginie, Caroline Méridionale. On se propose de donner les autres à mesure qu'elles seront connues.

TABLE

DES ARTICLES contenus dans ce Volume.

DÉNOMBREMENT

DES

TREIZE COLONIES-UNIES

DE L'AMÉRIQUE.

1775.

	Habitans.
Nouv. Angl. { DANS LA NOUVELLE-HAMPSHIRE.	150,000
MASSACHUSSETT. . . .	400,000
RHODE - ISLAND. . . .	59,678
CONNECTICUT.	192,000
NEW - YORK.	250,000
NEW-JERSEY.	130,000
PENSYLVANIE & DE-LAWARE.	350,000
MARYLAND.	320,000
VIRGINIE.	650,000
CAROLINE *Septentrionale.*	300,000
CAROLINE *Méridionale.*	225,000
GEORGIE.	30,000
TOTAL.	3,056,678

RECUEIL

ACTES

DU CONGRÈS

DES ÉTATS-UNIS

DE L'AMÉRIQUE.

ACTES
DU CONGRÈS
DES ÉTATS-UNIS
DE L'AMÉRIQUE.

ACTE D'INDÉPENDANCE.

DÉCLARATION des Repréſentans des Colonies - Unies de l'Amérique, aſſemblés en Congrès-Général, le 4 Juillet 1776.

Lorsque dans le cours des événemens humains, un Peuple eſt forcé à diſſoudre les liens politiques qui l'uniſſoient à un autre, & à prendre ſéparément, parmi les Puiſſances de la terre, & ſuivant le droit de l'égalité, la place que lui affignent les loix de la nature, il eft décent & convenable, que, par refpect pour les opinions du refte des hommes, ce Peuple faffe connoître les motifs qui l'ont porté à cette féparation.

Voici les vérités évidentes par elles-mêmes : c'eft que tous les hommes ont été créés égaux : c'eft qu'il eft certains droits inaliénables dont le Créateur les a doués, tels que la vie, la liberté & le defir du bien-être, pour le maintien defquels furent inftitués parmi eux les Gouvernemens , qui tiennent leurs juftes pouvoirs du confentement des gouvernés; & dès qu'une forme de Gouvernement tend à les détruire, le Peuple a le droit de la modifier ou de l'abolir, & d'en inftituer une nouvelle, en pofant fa bafe fur les principes, & donnant à fes pouvoirs l'organifation qu'il juge les plus propres à effectuer fon bonheur. La prudence veut, fans doute, qu'on ne change pas pour des caufes frivoles ou paffageres, des Gouvernemens établis depuis long-tems ; auffi l'expérience a-t-elle fait voir que les hommes fe résignent plus volontiers à souffrir, tant que les maux sont supportables, qu'ils ne se décident à se faire justice eux-mêmes, par l'abolition d'un Gouvernement auquel ils étoient habitués. Mais lorsqu'une longue suite d'abus & d'usurpations, toutes invariablement dirigées vers le même but, prouve évidemment le projet de réduire un Peuple à l'asserviffement, sous un despotisme absolu ; c'est le devoir autant que le droit de ce Peuple, de secouer le joug d'un pareil Gouvernement, & de se procurer d'autres gardiens qui lui répondent de sa sûreté future. Telle a été la patience des Colonies Américaines dans leurs souffrances, & telle est aujourd'hui la nécessité qui les force à changer la forme du Gouvernement. L'Histoire du Roi actuel de la Grande-Bretagne, n'offre qu'un tissu d'outrages & d'usurpations, qui toutes ont eu pour objet direct l'établissement d'une tyrannie absolue sur les Etats Américains. Pour le prouver, il nous suffira d'exposer les faits suivans, à tout ce qu'il y a de gens sans partialité dans l'Univers.

A iij

Il a refusé son consentement aux Loix les plus salutaires & les plus indispensables pour l'intérêt du bien public.

Il a défendu à ses Gouverneurs de passer des Loix d'une importance extrême & d'une nécessité urgente, à moins que leur action ne fût suspendue jusqu'à ce qu'on eût obtenu son consentement; & dans leur état de suspension, il les a entierement négligées.

Il a refusé de passer d'autres Loix à la convenance de Districts considérables, à moins que les Peuples de ces Districts n'abandonnassent leur droit de représentation dans le Corps législatif : droit inappréciable pour eux, & qui n'est formidable que pour un Gouvernement tyrannique.

Il a convoqué des Corps législatifs dans des lieux inusités, où manquoient toutes les douceurs de la vie, & éloignés des dépôts des actes publics, avec la seule vue de fatiguer leur constance & de les faire plier à ses desseins.

Il a dissous, plusieurs fois, des Corps représentatifs, parce qu'ils se font oppofés avec une mâle fermeté, à fes entreprifes fur les droits du Peuple.

Après avoir ainfi diffous ces Corps, il s'eft refufé, pendant très-long-tems à en faire établir d'autres; d'où il réfulte que l'autorité légiflative ne pouvant point s'anéantir, a remonté vers fa fource, qui eft le Peuple, pour être par lui exercée. Mais dans l'intervalle, l'Etat a été expofé à tous les dangers d'une invafion du dehors, & aux plus inquiétantes convulfions au dedans.

Il a cherché à arrêter l'accroiffement de la population dans les Etats Américains, en fufcitant des embarras dans l'exécution des Loix pour la naturalifation des étrangers, en refufant de paffer des Loix pour autorifer leurs émigrations vers l'Amérique, & en hauffant les termes auxquels on avoit jufques-là obtenu les nouvelles appropriations de terres.

Il a arrêté le cours de l'adminiftration de la Juftice, en refufant fon confentement à des Loix dont l'objet étoit de conférer un pouvoir judiciaire.

Il a rendu les Juges dépendans de sa seule volonté, en mettant leurs Offices sous sa main, & en se rendant le maître de régler & de payer leurs gages.

Il a érigé une multitude de nouveaux Offices, & envoyé en Amérique des légions d'Employés pour harasser le Peuple & dévorer ses subsistances.

Il a entretenu des armées parmi nous en tems de paix, sans le consentement de nos Corps législatifs.

Il a cherché à rendre le Militaire indépendant de la puissance Civile, & à faire même qu'il lui devînt supérieur.

Il a comploté avec d'autres, (le Parlement de la G. B.) pour nous soumettre à une Jurisdiction étrangere à notre Constitution, & inconnue à nos Loix; donnant son consentement à leurs prétendus actes de législation, qui ont eu pour objet:

De distribuer parmi nous des corps considérables de troupes armées.

De garantir ces troupes, par des formes illusoires, d'être punies pour les meurtres qu'elles auroient commis sur les Peuples d'Amerique.

D'interrompre notre commerce avec toutes les parties du monde.

De nous impofer des taxes fans notre confentement.

De nous priver, en plufieurs cas, de l'avantage d'être juges par nos Pairs.

De nous tranfporter au-delà des mers pour y être juges pour de prétendus délits. D'abolir le vrai fyftême des Loix Angloifes, dans une Province voifine, (le Canada), en y établiffant un Gouvernement arbitraire, & en donnant une telle extenfion à fes limites, que cette Province pût fervir tout à la fois, & d'autorité, & d'inftrument pour introduire le même pouvoir tyrannique dans les autres Colonies.

De nous enlever nos Chartres, d'abolir nos Loix les plus précieufes & de changer jufques dans leur bafe les formes de notre Gouvernement.

De fufpendre nos Corps légiflatifs, & de fe déclarer revêtu du pouvoir de porter des Loix pour nous dans tous les cas quelconques.

Il a abdiqué le Gouvernement des

Etats Américains, en nous déclarant qu'il nous retiroit sa protection, & en nous faisant la guerre.

Il a exercé le brigandage sur nos mers, ravagé nos côtes, brûlé nos villes & fait couler le sang des Peuples Américains.

Actuellement il fait passer en Amérique des armées considérables de mercenaires étrangers, pour consommer ses œuvres de mort, de désolation & de tyrannie, qu'il avoit commencées avec des recherches de cruauté & de perfidie, dont les siécles de barbarie fournissent à peine l'exemple, & trop indignes du Chef d'une Nation civilisée.

Il a forcé nos Compatriotes, pris à la mer, à porter les armes contre leur pays, & à devenir les bourreaux de leurs amis & de leurs freres, ou à périr eux-mêmes de leurs mains.

Il a excité parmi nous des soulevemens domestiques, & a essayé de faire tomber sur nous les Habitans de nos frontieres, d'impitoyables Sauvages, qui ne savent faire la guerre que pour le carnage, sans distinction de sexe d'âge ou de conditions.

A chacun de ces degrés d'oppreffion, nous lui avons adreffé les plus
humbles remontrances, pour lui demander le redreffement de nos griefs;
& nos Suppliques réitérées n'ont obtenu d'autre réponfe que des outrages
réitérés.

Un Roi, dont le caractere eft
marqué ainfi par tous les traits de la
tyrannie, n'eft point propre pour
être Gouverneur d'un Peuple libre.

Et quant à nos freres de la Grande-
Bretagne, nous n'avons pas manqué
non plus d'attention à leur égard.
Nous n'avons ceffé de les avertir des
entreprifes que leur Parlement faifoit
pour étendre fa juridiction fur nous,
contre tout droit & toute juftice.
Nous leur avons remis fous les yeux
les circonftances de notre émigration
& de notre établiffement en Amérique. Nous en avons appellé à leur
juftice & à leur magnanimité; &
nous les avons conjurés, par les
liens de notre fraternité, de défa-
vouer ces ufurpations, qui infailli-
blement détruiroient entr'eux & nous,
toute union & toute correfpondance.
Ils ont été eux-mêmes fourds au cri

de la Juftice & de la Nature. Nous
fommes donc forcés de céder à la
néceffité qui met une féparation entre
nous, & de les regarder, ainfi que
tout le refte des hommes, comme
nos ennemis en guerre, & nos amis
en paix.

A ces Causes, Nous, les Repréfentans des États-Unis de l'Amérique,
affemblés en Congrès-Général, après
avoir invoqué le fuprême Juge de
l'Univers, en témoignage de la droi-
ture de nos intentions; Nous, au
nom & par l'autorité des louables
Peuples de ces Colonies, publions
& déclarons folonnellement, que ces
Colonies-Unies font, & de droit,
doivent être ÉTATS LIBRES ET IN-
DÉPENDANS : qu'elles font relevées
de toute ALLÉGEANCE envers la Couronne Britannique : que toute liaifon
politique entr'elle & l'Etat de la
Grande-Bretagne eft & doit être totalement diffoute ; & qu'en leur qualité d'Etats libres & indépendans, elles
ont pleine autorité pour faire la
guerre ou la paix, contracter des
alliances, établir le commerce, &

faire tous autres traités & actes que
les Etats indépendans peuvent faire
de droit. Et à l'appui de cette Déclaration, en mettant notre plus ferme
confiance dans la protection de la
Providence Divine, nous engageons
mutuellement, les uns envers les autres, nos vies, nos biens, & tout ce
que nous avons de plus cher, notre
honneur.

Signé, par ordre & au nom du
Congrès,
    JEAN HANCOCK, Préſident.

Atteſté, CHARLES THOMPSON,
    Secrétaire.

CONFÉDÉRATION GÉNÉRALE.

*ARTICLES de Confédération &
d'union perpétuelles entre les États de*

NOUVELLE - HAMPSHIRE.
BAIE DE MASSACHUSSETT.
RHODE - ISLAND.
CONNECTICUT.
NOUVELLE - YORK.
NOUVEAU - JERSEY.
PENSYLVANIE.
DELAWARE.
MARYLAND.
VIRGINIE.
CAROLINE *Septentrionale.*
CAROLINE *Méridionale.*
GEORGIE.

I.

LES treize Etats fufdits fe confé-
derent fous le titre d'*Etats - Unis
d'Amérique.*

II.

ILS contractent, chacun en leur
nom, par la préfente Conftitution,

un Traité d'alliance & d'amitié réciproques pour leur défenfe commune,
pour le maintien de leur liberté, &
pour leur avantage général & mutuel,
s'obligeant à fe fecourir l'un l'autre
contre toutes violences dont on pourroit menacer tous ou chacun d'eux ;
& à repouffer en commun toutes
les attaques qui pourroient être dirigées contre tous ou chacun d'eux,
pour caufe de Religion, de Souve-
raineté, de Commerce, ou fous quelqu'autre prétexte que ce foit.

III.

CHAQUE État fe réferve à lui
feul le droit exclufif de régler fon
adminiftration intérieure, & de faire
des Loix fur toutes les matieres qui
ne feront point comprifes dans les articles de la préfente Confédération,
& qui ne pourront y porter aucune
atteinte.

IV.

Aucun État en particulier ne pourra
envoyer ni recevoir des Ambaffadeurs, entamer des négociations,
contracter des engagemens, former
des alliances, conclure des traités

avec aucun Roi, Prince ou Puiſſance
quelconque, ſans le conſentement des
Etats-Unis aſſemblés en Congrès-Général.

Aucune perſonne, pourvue d'un
emploi quelconque, ſous l'autorité
des Etats - Unis, ou de quelqu'un
d'eux, ſoit qu'il y ait des appointemens attachés à l'emploi, ſoit que ce
ſoit une commiſſion de pure con-
ſiance, ne pourra accepter aucuns
préſens, gratifications, émolumens,
ni aucuns Offices ou titres de quelque
nature qu'ils ſoient, d'aucuns Rois,
Princes ou Puiſſances étrangeres.

Et l'Aſſemblée générale des Etats-
Unis, ni aucun Etat en particulier,
ne pourront donner aucun titre de
Nobleſſe.

V.

DEUX, ni pluſieurs des ſuſdits
Etats, ne pourront former d'alliances ou confédérations, ni conclure
aucun Traité particulier entr'eux,
ſans le conſentement des Etats-Unis
aſſemblés en Congrès général, & ſans
que le but & la durée de cette convention particuliere ne ſoient exacte-

ment spécifiés dans le consentement.

VI.

AUCUN Etat ne pourra mettre des impositions, ni établir des droits quelconques, dont l'effet seroit d'altérer directement ou indirectement les clauses des Traités qui seront conclus dans la suite, par l'Assemblée des Etats-Unis, avec aucuns Rois, Princes ou Puissances quelconques.

VII.

IL ne sera entretenu, par aucun des susdits Etats en particulier, de vaisseaux ou de bâtimens de guerre en tems de paix, que le nombre jugé nécessaire par l'Assemblée des Etats-Unis, pour la défense de cet Etat & de son Commerce; & il ne sera non plus entretenu aucunes troupes en tems de paix par aucun des susdits Etats, que le nombre déterminé par l'Assemblée des Etats-Unis, pour garder les places fortes ou forts nécessaires à la défense de cet Etat. Mais chaque Etat entretiendra toujours une Milice bien réglée & disciplinée, suffisamment armée & équipée, & aura

soin de se procurer & d'entretenir
toujours prêt, dans des magasins publics, un nombre suffisant de pieces
de campagne & de tentes, avec une
quantité considérable de munitions
& d'équipages de guerre.

VIII.

Lorsqu'il sera levé par quelqu'un
des susdits Etats, des troupes de terre
pour la défense commune, tous les
Officiers du grade de Colonel & au-
dessous, seront nommés par le Corps
législatif de l'Etat qui aura levé ces
troupes, ou de la maniere dont cet
Etat aura jugé à propos de régler
les nominations; & vacance arrivant
de ces emplois, il y sera pourvu par
le même Etat.

IX.

Tous les frais de la guerre, &
toutes les autres dépenses qui seront
faites pour la défense commune ou
pour l'avantage général, & qui seront ordonnés par l'Assemblée des
Etats-Unis, seront payés des fonds
d'un trésor commun.

Ce trésor commun sera formé par
la contribution de chacun des susdits

Etats, en proportion du nombre d'Habitans de tout âge, sexe ou qualité, à l'exception des Indiens, exceptés de taxe dans chaque Etat; & pour fixer la quotité de la contribution, il sera fait tous les trois ans un dénombrement dans lequel le nombre des Habitans blancs sera distingué; & ce dénombrement sera envoyé à l'Assemblée des Etats-Unis.

Les taxes qui devront servir à payer cette quotité, seront imposées & levées dans l'étendue de chaque Etat, par l'autorité & les ordres de son Corps législatif, dans le tems marqué par l'Assemblée des Etats-Unis.

X.

CHACUN des susdits Etats se soumettra aux décisions de l'Assemblée des Etats-Unis sur toutes les matieres ou questions réservées à cette Assemblée par le présent acte de Confédération.

XI.

AUCUN Etat ne s'engagera dans une guerre sans le consentement des Etats-Unis assemblés en Congrès, à

moins d'une invafion actuelle de quelqu'ennemi, ou de connoiffance certaine qu'il auroit eue d'une réfolution prife par quelque Nation In-
dienne de l'attaquer, & dans le cas
feulement où le danger trop preffant
ne lui laifferoit pas le tems de confulter les autres Etats.

Aucun Etat particulier ne donnera
de commiffion à des vaiffeaux ou
autres bâtimens de guerre, ni aucunes lettres de marque ou de repréfailles, qu'après une déclaration de
guerre faite par l'Affemblée des Etats-
Unis, & dans ce cas là même, n'en
donnera que contre le Royaume ou
la Puiffance quelconque, ou contre
les Sujets du Royaume ou de la Puiffance à qui la guerre aura été ainfi
déclarée, & fe conformera fur tous
ces objets aux réglemens qui auront
été faits par l'Affemblée des Etats-
Unis.

XII.

AFIN de veiller aux intérêts généraux des Etats-Unis, & de diriger
les affaires générales, il fera nommé
chaque année dans la forme réglée,

par le Corps législatif de chaque Etat, un certain nombre de Délégués, qui se rendront à Philadelphie jusqu'à ce que l'Assemblée générale des Etats-Unis en ait autrement ordonné; & le premier lundi de novembre de chaque année, sera l'époque fixe à laquelle ils s'assembleront.

Chacun des susdits Etats conservera le droit & le pouvoir de révoquer, dans quelque tems de l'année que ce soit, ses Délégués ou quelques uns d'entr'eux, & d'en envoyer d'autres à leur place pour le reste de l'année; & chacun des susdits Etats entretiendra ses Délégués pendant le tems de l'Assemblée générale, & pendant le tems aussi qu'ils seront Membres du Conseil d'Etat, dont il sera parlé ci-après.

XIII.

CHACUN des Etats aura une voix pour la décision des questions dans l'Assemblé générale.

XIV.

L'ASSEMBLÉE générale des Etats-Unis aura seule '& exclusivement le

droit & le pouvoir de décider de la
paix & de la guerre, excepté dans
le cas porté par l'article XI; — d'é-
tablir des regles pour juger dans tous
les cas la légitimité des prifes faites
fur terre ou fur mer, & pour déterminer la maniere dont les prifes,
faites par les forces de terre ou de
mer, au fervice des Etats-Unis, feront partagées ou employées; — de
donner des lettres de marque ou de
repréfailles en tems de paix; — de
nommer des Tribunaux pour connoître des pirateries & de tous crimes
capitaux commis en haute mer; —
d'établir des Tribunaux pour recevoir
les appels & juger définitivement dans
tous les cas de prifes; — d'envoyer
& de recevoir des Ambaffadeurs; —
de négocier & de conclure des traités
ou des alliances; — de décider tous
les différens actuellement fubfiftans,
ou qui pourroient s'élever dans la
fuite entre deux ou plufieurs des fufdits Etats, pour limites, jurifdiction
ou telle autre que ce foit; — de
battre monnoie & d'en régler la valeur ou le titre; — de fixer les poids
& mefures dans toute l'étendue des

Etats-Unis; — de régler le commerce, & de traiter toutes les affaires avec les Indiens qui ne font membres d'aucun des Etats; — d'établir & de régler les Poftes d'un Etat à l'autre, dans toute l'étendue des Etats-Unis, & de percevoir fur les lettres & paquets envoyés par la Pofte, la taxe neceffaire pour fubvenir aux frais de cet établiffement; — de nommer les Officiers Généraux des troupes de terre au fervice des Etats-Unis; — de donner des Commiffions aux autres Officiers defdites troupes qui auront été nommés en vertu de l'article VIII; — de nommer tous les Officiers de marine au fervice des Etats-Unis; — de faire toutes les Ordonnances néceffaires pour régler l'adminiftration & la difcipline defdites troupes de terre & de mer; — & de diriger leurs opérations.

L'Affemblée générale des États-Unis fera autorifée à nommer un Confeil d'Etat, & tels Comités & Officiers Civils qu'elle jugera néceffaires pour la conduite & l'expédition des affaires générales, fous fon

autorité, tant qu'elle restera assemblée, & après sa séparation, sous l'autorité du Conseil d'Etat. — Elle se choisira pour Président un de ses Membres, & pour Secrétaire la personne qu'elle jugera propre à cet emploi; & elle pourra s'ajourner à tel tems de l'année, & en tel lieu des Etats-Unis qu'elle jugera à propos. — Elle aura le droit & le pouvoir de déterminer & de fixer les sommes nécessaires à percevoir, & les dépenses nécessaires à faire; — de faire des emprunts, & de créer des billets sur le crédit des Etats-Unis; — de faire construire & équiper des flottes; — de déterminer le nombre des troupes de terre à lever ou entretenir; — & d'exiger de chacun des susdits Etats, pour le composer, un contingent proportionné au nombre de ses Habitans blancs. — Ces requisitions de l'Assemblée générale seront obligatoires, & en conséquence le Corps législatif de chaque Etat nommera les Officiers Particuliers, levera les hommes, les armera & les équipera convenablement; & ces Officiers & Soldats
dats

dats ainſi armés & équipés ſe rendront au lieu & dans le tems marqué
par l'Aſſemblée générale.

Mais ſi l'Aſſemblée générale, d'a-
près des circonſtances particulieres,
jugeoit à propos d'exempter un ou
pluſieurs Etats de lever des troupes, ou de leur en demander moins
que leur contingent, & qu'elle jugeât
au contraire qu'un ou pluſieurs autres
enlevaſſent plus que leur contingent;
le nombre extraordinaire demandé
ſera levé, pourvu d'Officiers, armé
& équipé de la même maniere que
le contingent, à moins que le Corps
légiſlatif de celui ou de ceux de ces
Etats à qui la réquiſition auroit été
faite, ne jugeât dangereux pour lui
de ſe dégarnir de ce nombre extraordinaire, & dans ce cas il n'en four-
niroit que ce qu'il jugeroit compa-
tible avec ſa ſûreté; & les Officiers
& Soldats ainſi armés & équipés, ſe
rendront au lieu & dans le tems
marqués par l'Aſſemblée générale.

L'Aſſemblée générale ne pourra
s'engager dans une guerre, ni donner
des lettres de marque ou de repré-
ſailles en tems de paix, ni contracter

B

aucuns traités d'alliances ou autres
conventions, hormis pour faire la
paix ; ni faire battre monnoie ou en
régler la valeur ; ni déterminer ou
fixer les fommes néceffaires à percevoir, ou les dépenfes néceffaires à
faire pour la défenfe ou l'avantage
des Etats - Unis, ou de quelqu'un
d'entr'eux ; ni créer des billets ; ni
emprunter d'argent fur le crédit des
Etats-Unis ; ni faire des deftinations
d'argent ; ni prendre des réfolutions
fur le nombre de vaiffeaux de guerre
à conftruire ou à acheter, ou fur
le nombre de troupes de terre ou de
mer à lever ; ni nommer de Commandant en chef es armées de terre
ou de mer, que par le confentement
réuni de neuf des Etats ; & aucune
queftion fur quelque point que ce
foit, excepté pour s'ajourner d'un
jour à l'autre, ne pourra être décidée
que par la majorité des Etats-Unis.

Aucun Délégué ne pourra être
choifi pour plus de trois ans fur fix.

Aucune perfonne d'un emploi quelconque dans l'étendue des Etats-Unis,
& recevant, en vertu de cet emploi,
par elle-même, ou par les mains de

quelqu'autre pour elle des salaires, gages ou émolumens quelconques, ne pourra être choisie pour Délégué.

L'Assemblée générale publiera tous les mois le journal de ses séances, à l'exception de ce qui sera relatif aux traités, alliances ou opérations militaires, lorsque ces matieres lui paroîtront devoir être tenues secrettes. Les avis pour & contre des Délégués de chaque Etat seront portés sur le journal toutes les fois que quelqu'un des Délégués le demandera; & il sera délivré aux Délégués de chaque Etat, sur sa requisition particuliére, une copie de ce journal, excepté des parties ci-dessus énoncées, pour être portée au Corps législatif de son Etat respectif.

X V.

LE Conseil d'Etat sera composé d'un Délégué de chacun des Etats, nommé annuellement par les autres Délégués de son Etat respectif; & dans le cas où ces Electeurs ne pourroient pas s'accorder, ce Délégué sera nommé par l'Assemblée générale.

Le Conseil d'Etat sera autorisé à

recevoir & ouvrir toutes les lettres
adreſſées aux Etats-Unis, & à y répondre; mais il ne pourra contraƈter
aucuns engagemens obligatoires pour
les Etats-Unis. — Il correſpondra avec
les Corps légiſlatifs de chacun des Etats,
& avec toutes les perſonnes employées
ſous l'autorité des Etats-Unis, ou de
quelqu'un des Corps légiſlatifs particuliers. — Il s'adreſſera à ces Corps
légiſlatifs ou aux Officiers à qui chaque Etat aura confié le pouvoir exécutif, pour l'aide ou le ſecours de
toute nature dans les occaſions où il
en aura beſoin. — Il donnera des avis
aux Généraux & il dirigera les opérations militaires de terre ou de mer;
mais ſans rien changer aux objets ni
aux expéditions déterminées par l'Aſſemblée générale, à moins qu'un changement dans les circonſtances arrivé
e venu à ſa connoiſſance depuis la
ſéparation de l'Aſſemblée générale,
ne rende indiſpenſablement néceſſaire
un changement de meſures. — Il veil-
lera à la défenſe & à la conſervation
des fortereſſes ou poſtes fortifiés. —
Il ſe procurera des connoiſſances ſur
la ſituation & ſur les deſſeins des en-

nemis. — Il pourfuivra l'exécution des mefures & des plans qui auront été arrêtés par l'Affemblée générale, en vertu des pouvoirs dont elle eft revêtue par la préfente Confédération. — Il tirera fur les Tréforiers, pour les fommes dont la deftination aura été faite par l'Affemblée générale, & pour le paiement des contrats qu'il aura pu paffer lui-même en vertu des pouvoirs qui lui font accordés. — Il infpectera & reprendra, il pourra même interdire tous Officiers civils & militaires, agiffant fous l'autorité des Etats-Unis. — Dans le cas de mort ou d'interdiction de quelqu'un des Officiers, dont la nomination appartient à l'Affemblée générale, il pourra commettre à l'exercice de l'emploi telle perfonne qu'il jugera à propos jufqu'à la prochaine Affemblée. — Il pourra publier & répandre les relations authentiques des opérations militaires. — Il pourra convoquer l'Affemblée générale pour un terme plus prochain que celui auquel elle fe feroit ajournée en fe féparant, fi quelqu'événement important & inattendu l'exige pour le falut ou l'avantage des

Etats-Unis ou de quelqu'un d'entr'eux. — Il préparera les matieres qui
devront être soumises à l'examen de
l'Assemblée générale, & il lui présentera à sa prochaine séance toutes les
lettres ou avis qu'il aura reçus & lui
rendra un compte exact de tout ce
qu'il aura fait dans l'*interim*. — Il se
nommera pour Secrétaire une personne propre à cet emploi, qui,
avant d'entrer en fonction, fera serment de garder secret & fidélité. —
La présence de sept Membres du
Conseil suffira pour qu'il puisse agir.
— En cas de mort de l'un de ses
Membres, le Conseil en donnera avis
aux Collegues du mort, afin qu'ils
choisissent l'un d'entr'eux pour prendre place dans le Conseil jusqu'à la
prochaine tenue de l'Assemblée générale; & dans le cas où il n'y auroit de vivant qu'un seul de ses Collegues, il lui en sera de même donné
avis, pour qu'il puisse y venir siéger
jusqu'à la prochaine tenue.

X V I.

DANS le cas où le Canada voudroit
accéder à la présente confédération

& se joindre entierement à toutes les mesures des Etats-Unis, il sera admis dans l'union & participera à tous ses avantages. Mais aucune autre Colonie ne pourra y être admise que par le consentement de neuf des Etats.

Les articles ci-dessus seront proposés aux Corps législatifs de tous les Etats-Unis pour être examinés par eux, &, s'ils les approuvent, ils sont avertis d'autoriser leurs Délégués de les ratifier dans l'Assemblée générale; après quoi tous les articles qui constituent la présente Confédération, seront observés inviolablement par tous & chacun des Etats-Unis, & l'union sera établie à perpétuité.

Il ne sera fait, par la suite, aucun changement à ces articles ni à aucun d'eux, à moins que le changement n'ait été déterminé dans l'Assemblée générale, & confirmé ensuite par les Corps législatifs de chacun des Etats-Unis.

Arrêté & signé à Philadelphie, en Congrès, le 4 Octobre 1776.

B iv

LE Congrès général recommande aux Colonies d'établir de nouvelles formes de Gouvernement.

LES Colonies - Unies Américaines, assemblées en Congrès le 15 Mai 1776.

COMME Sa Majesté Britannique, de concert avec les Lords & Communes de la Grande-Bretagne, a privé, par un acte du Parlement, les Habitans de ces Colonies-Unies de toute protection de sa Couronne ; & comme nulle réponse n'a été ni ne sera vraisemblablement faite aux humbles suppliques des Colonies pour obtenir le redressement des griefs & une réconciliation avec la Grande-Bretagne, & qu'au contraire toute la puissance de ce Royaume, aidée de mercenaires étrangers, sera employée pour détruire le bon Peuple de ces Colonies ;

& comme il paroît abfolument contraire à la faine raifon & à une bonne
confcience, que le Peuple defdites Colonies prête ferment & donne des
affurances pour le maintien d'aucun
Gouvernement fous la Couronne de
la Grande - Bretagne , & qu'il eft
néceffaire que l'exercice de toute autorité quelconque fous ladite Couronne , foit fupprimé , & que tous
les pouvoirs du Gouvernement foient
exercés fous l'autorité du Peuple de
ces Colonies , pour l'entretien du
repos & du bon ordre intérieur , auffi
bien que pour la défénfe de nos perfonnes , de nos libertés & de nos
biens, contre les invafions hoftiles
& les dépradations cruelles de nos
ennemis.

A cet effet, il a été réfolu de recommander aux Affemblées refpectives des Colonies-Unies , dans lef-
quelles il n'y a point encore , jufqu'à
préfent , de Gouvernement établi
pour pourvoir aux befoins du pays,
d'adopter telle forme de gouvernement qui , de l'avis des Repréfentans
du Peuple , pourra le mieux contribuer au bonheur & à la fûreté de leurs

B v

Commettans en particulier, & de l'Amérique en général.

Par ordre du Congrès.

Signé JEAN HANCOCK, Préſident.

DIPLÔME de Doctorat, envoyé au Général Washington, par l'Université de Cambridge, dans la Nouvelle-Angleterre.

LES Membres du Collège de Harward, établi à Cambridge dans la Nouvelle-Angleterre, à tous les Fideles en Christ, qui ces Présentes verront : salut ;

Comme les degrés Académiques ont été de tout tems une récompense attachée au mérite, aux connoissances, à la sagesse & à la vertu de ceux qui ont rendu des services à la République, nous croyons qu'il est de la justice & de notre devoir de conférer cet honneur au très-illustre George Washington, Ecuyer, Général de nos troupes confédérées de l'Amérique. Ses lumieres égales à l'ardeur patriotique qui l'a toujours distingué, sont connues de tout le monde ; ses connoissances profondes des Loix civiles & de l'Art de la guerre, ont

B vj

fait tomber fur lui le choix des Habitans de la Virginie, pour repréfenter
cette Province dans le Congrès affemblé en Amérique , pour la défenfe
d'une liberté prefque expirante , &
pour fauver ce pays des dangers qui
le menaçoient ; vaincu enfuite par les
prieres & les follicitations de cette
Affemblée refpectable, il renonça aux
plaifirs d'une vie tranquille , que fa
retraite délicieufe dans la Virginie ,
promettoit de lui rendre fi agréable ,
abandonnant fes biens & facrifiant fes
plaifirs & fon intérêt particulier au bien
général , fans demander ni attendre
aucune récompenfe. Il ne s'occupa , au
milieu des fatigues de la guerre , que
des moyens de délivrer la Nouvelle-
Angleterre des hoftilités injuftes &
cruelles qu'exerce contr'elle la Grande-Bretagne , & d'en défendre les autres Colonies. La Divine Providence
a daigné fe fervir de lui pour repouffer la flotte & les troupes des ennemis,
qui fe font vus forcés par-là à éva-
cuer Bofton , avec la plus honteufe
précipitation , après avoir tenu cette
Place entre leurs mains pendant onze
mois , avec une garnifon de plus de

sept mille hommes. Les Habitans de cette Ville respirent enfin, & c'est au Général Washington qu'ils doivent le bonheur de se voir délivrés des maux divers & des cruautés auxquels ils étoient exposés sous leurs persécuteurs. Les Villes voisines se sont réjouies d'un événement qui éloignoit d'elles le tumulte & les horreurs de la guerre, & notre Université peut se flatter par ce moyen de se voir rétablir dans son ancienne splendeur.

Sachez donc que nous, le Président & les Membres du College de Harward dans la Ville de Cambridge, du consentement des très-révérends & honorables de notre Université, avons conféré & conférons audit Washington, Ecuyer, qui mérite les honneurs les plus distingués, les titre & degré de *Docteur ès Droits de la nature, des Gens & du Droit Civil* ; & lui avons accordé & accordons tous les honneurs & privileges appartenans auxdits titre & degré.

En foi de quoi nous avons apposé aux Présentes le sceau de notre Université, & les avons signées de nos noms, ce troisieme jour d'Avril,

1776. *Signé* , Samuel Langdon ,
S. T. D. *Præses.* Nathaniel Appleton,
Sacræ Theologiæ Doctor. Johannes
Winthrop , *Mat. & Phyf. Profeffor.*
Andreas Elliot , S. T. D. L. L. D.
Joh. Wadfworth , *Log. & Eth. Pro-*
feffor. Samuel Cooper , S. T. D.

ACTE de Navigation des Colonies-Unies, arrêté au Congrès Continental, le 6 Avril 1776.

IL est permis d'exporter des treize Colonies-Unies, par les Habitans d'icelles, & par tous autres non Sujets du Roi de la Grande-Bretagne, pour telle partie du monde que ce puisse être, excepté celles qui sont sous la domination du Roi, toutes sortes de denrées, effets & marchandises, excepté des douves & futailles vuides, autres que des futailles préparées pour le transport des melasses, pourvu qu'aucun bâtiment ne puisse exporter une plus grande quantité de ces futailles à melasses que celles qu'il pourroit rapporter remplies.

Toutes marchandises, effets & denrées, excepté celles de la production des Pays soumis au Roi de la Grande-Bretagne, ou en venant, & aussi excepté le thé de la Compagnie Angloise des Indes, pourront être apportés dans les treize Colonies-

Unies, de tous les autres Pays du monde par les Habitans de ces Pays, & par tous ceux de tous les Pays qui ne font pas fujets audit Roi, fous la condition cependant de payer tels droits ou impôts qui peuvent être ordonnés par aucune des Colonies.

Rien de ce qui eft ici prefcrit ne pourra être cenfé empêcher tels réglemens ultérieurs de commerce qui feront eftimés juftes & néceffaires par ces Colonies-Unies ou leurs Légiflations refpectives.

Il eft défendu d'introduire des efclaves dans aucunes des treize Colonies-Unies.

Tous effets, denrées & marchandifes, excepté ceux dont on aura fait capture, qui feront importés directement ou indirectement de la Grande-Bretagne ou d'Irlande dans aucune de ces Colonies-Unies, contre les Réglemens prefcrits par le Congrès, feront faifis, & il en fera difpofé conformément à ce qui fera ordonné par les diverfes affemblées & conventions; & la confifcation defdits effets, &c. pourra fe pourfuivre & s'adjuger dans aucune Cour érigée ou à ériger pour juger les affaires maritimes dans la Colonie où la saisie aura été faite.

Par ordre du Congrès.

Signé JEAN HANCOCK, Président.

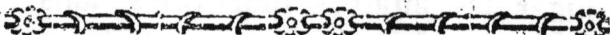

INSTRUCTION DU CONGRÈS

A SES ARMATEURS;

EN CONGRÈS, 10 *Avril* 1776.

INSTRUCTIONS (1) à tous les Commandans de vaisseaux particuliers ou de vaisseaux de guerre qui auront commission, ou lettres de marque & représailles, les autorisant à faire

---

(1) L'intérêt de la vérité exige de nous de faire remarquer ces instructions du Congrès aux Armateurs Américains, ainsi que la formule de Commission qui les suit. On ne verra dans ces deux pieces aucun ordre ou insinuation de semer l'esprit d'indépendance dans les Ports des Nations étrangeres, & de faire espérer aux Isles de la Martinique & de la Guadeloupe une alliance avec les Etats-Unis. Elles ont été trouvées telles que nous les donnons ici, sur des Armateurs Américains enlevés par des vaisseaux de guerre Anglois. Elles démontrent la fausseté des prétendues instructions prises à bord de l'Armateur Américain *l'Olivier-Cromvel*, & dont les Articles VI & VII sont rapportés dans la Gazette d'Amsterdam du 26 Août 1777. Notre vœu d'impartialité ne nous permet point d'autre observation à ce sujet.

captures des navires & cargaisons Britanniques.

I.

VOUS pourrez, par la force des armes, attaquer, réduire & prendre tous navires ou vaisseaux appartenans aux Habitans de la Grande-Bretagne en pleine mer, ou entre les marques de la haute & basse mer, excepté les navires qui transporteront des personnes qui seront dans l'intention de s'établir & de résider dans les Colonies-Unies, ou qui porteront des armes ou munitions de guerre auxdites Colonies, à l'usage des Habitans amis de la cause commune, lesquels vous laisserez passer sans les molester ; pourvu que les Capitaines ou Commandans de ces navires permettent une recherche ou visite paisible, & donnent des informations satisfaisantes sur l'état du chargement & la destination de leur voyage.

II.

VOUS pourrez, par la force des armes, attaquer, réduire & prendre tous navires ou vaisseaux quelconques, transportant des Soldats, armes, poudre à canon, munitions, provisions, ou autres effets de contrebande pour les armées Britanniques, ou vaisseaux de guerre employés contre ces Colonies.

III.

Vous conduirez les vaisseaux & navires que vous aurez pris avec leurs canons, gréémens, agrès, apparaux, fournitures & chargemens, dans quelque port convenable des Colonies-Unies, afin qu'il puisse être procédé en due forme sur lesdites prises, pardevant les Cours ou Jurisdictions qui sont ou seront établies pour ouir & déterminer les causes civiles & maritimes.

IV.

Vous, ou l'un de vos principaux Officiers, conduirez ou enverrez le Maître & le Pilote, & un ou plusieurs des principaux de l'équipage des navires ou vaisseaux que vous aurez pris, immédiatement après la capture ou aussi-tôt qu'il sera possible au Juge ou Juges des susdites Cours, pour être examinés sous serment & répondre à l'interrogatoire qui leur sera fait concernant l'intérêt qu'ils ont dans ledit navire & chargement ; & en même tems, vous délivrerez au Juge ou Juges les passe-ports , lettres de mer , charte-parties , connoissemens , acquits, lettres, & autres documens & papiers trouvés à bord , en prouvant par votre serment, ou celui de quelqu'autre personne qui se sera trouvé présente lors de la capture , que ces papiers sont produits tels & dans le même état qu'ils auront été délivrés , sans fraude , addition , souftraction ni falsification.

V.

Vous garderez & conserverez chaque navire ou vaisseau & chargement par vous pris , jusqu'à ce que, par Sentence rendue par une Cour ou Jurisdiction à ce duement autorisée , il soit jugé de bonne prise , sans en rien vendre , détériorer , gâter , dépréder, diminuer, ou rompre charge, ou sans souffrir qu'il se fasse rien de semblable.

V I.

Si vous ou quelqu'un de vos Officiers ou Equipages, ont, de sang-

froid, tué, eftropié, ou par torture,
ou de toute autre maniere, traité
cruellement, inhumainement & contre
les ufages & pratique des nations civilifées, les perfonnes furprifes à bord
des navires que vous aurez pris, le
délinquant fera févérement puni.

V I I.

PAR toutes les occafions convenables vous enverrez au Congrès général un compte par écrit des captures
que vous aurez faites, avec les dénom-
bremens & les noms des prifonniers,
& de tems en tems des copies de vos
journaux, avec les informations de
ce qui fera parvenu à votre connoiffance, ou que vous aurez découvert
des deffeins des ennemis, & des deftinations, mouvemens & opérations
de leurs flottes & armées.

V I I I.

UN tiers au moins de votre équipage fera compofé d'hommes de
terre.

I X.

VOUS ne rançonnerez aucun pri-
fonnier; mais vous en difpoferez,
ainfi que le Congrès, ou (fi le Con-

grès n'étoit pas affemblé dans la Colonie où vous les conduirez), l'Affemblée générale , Convention , ou Confeil ou Comité de fûreté de cette Colonie l'ordonnera.

X.

VOUS obferverez toutes les inftructions ultérieures que le Congrès donnera lorfqu'elles feront venues à votre connoiffance.

X I.

SI vous faites quelque chofe de contraire à ces préfentes inftructions, ou à d'autres qui feront données à l'avenir, ou fi vous fouffrez volontairement qu'elles foient enfreintes, vous ne ferez feulement pas privé de votre commiffion , mais vous ferez expofé à une action à votre charge, pour être pourfuivi comme violateur des conditions de votre engagement, & rendu refponfable, envers les parties offenfées, des dommages foufferts par votre malverfation.

Par ordre du Congrès,

Signé JEAN HANCOCK, Préfident.

Ces inftructions font jointes à toutes les Commiffions qui fe délivrent aux Corfaires.

FORMULE des Commissions donnée par le Congrès général aux Armateurs employés à son service.

EN CONGRÈS,

LES Délégués des treize Colonies-Unies, de New-Hampshire, Baie de Massachussett, Rhode-Island, Connecticut, New-York, New-Jersey, Pensylvanie, Comtés de New-Castle, de Kent & de Sussex sur la Delaware, de Mariland, de Virginie, de la Caroline Septentrionale, de la Caroline Méridionale & de la Georgie.

A tous ceux qui ces Présentes verront : salut, savoir faisons :

QUE Nous avons accordé par ces Présentes, & accordons permission & pouvoir à John Adams, Officier de marine, Commandant le Sloope appellé *Fame*, du port de quarante-cinq tonneaux ou environ, appartenant à Joseph Dean, Philippe Moore & Compagnie, de Philadelphie dans

le

le Comté de Penfylvanie, montant
quatre canons & quarante-cinq hommes, pour armer & manœuvrer ledit
Sloope en guerre, & avec ledit Sloope
& fon équipage, attaquer, faifir &
prendre par force d'armes les vaiffeaux & autres bâtimens appartenans
aux Habitans de la Grande-Bretagne,
ou aucun d'eux avec leurs agrès,
manœuvres, provifions & cargaifons,
fur les hautes mers ou entre les marques des hautes & baffes eaux, & de
les conduire dans quelques ports des
Colonies, pour que les Cours qui
font & doivent être nommées pour
entendre & juger les Caufes civiles &
maritimes, puiffent procéder en due
forme à la condamnation defdites
prifes fi elles font jugées légitimes.
Ledit Jofeph Dean & Compagnie
ayant promis, fous garantie fuffifante,
que ledit Commandant, ou aucun des
Officiers & Gens de mer ou leur
Compagnie, ne feroit rien de contraire aux ufages & coutumes des
Nations civilifées, & aux inftruċtions,
dont copie lui a été remife avec la
Préfente. Et nous requérons & re-
querrons tous nos Officiers quelcon-

ques de prêter secours & assistance audit Commandant pour les choses ci-dessus énoncées. Cette Commission durera & sera en valeur jusqu'à ce que le congrès donne des ordres contraires.

Fait à Philadelphie le 11 Avril 1776. Par ordre du Congrès.

Signé JOHN HANCOCK , Président, JOHN ADAMS,

RECUEIL

DES LOIX CONSTITUTIVES

DES

ÉTATS-UNIS.

CONSTITUTION

De la République de PENSYL-
VANIE, telle qu'elle a été éta-
par la Commission générale ex-
traordinaire, élue à cet effet,
& assemblée à Philadelphie,
dans ses séances, commencées
le 15 Juillet 1776, & con-
tinuées par des ajournemens
successifs, jusqu'au 28 Sep-
tembre suivant.

LES objets d'inſtitution & du maintien de tout Gouvernement doivent
être d'aſſurer l'exiſtence du Corps
politique de l'Etat, de le protéger,
& de donner aux individus qui le
compoſent, la faculté de jouir de leurs

droits naturels, & des autres biens que
l'auteur de toute exiſtence a répandus
ſur les hommes; & toutes les fois
que ces grands objets du Gouvernement ne ſont pas remplis, le Peuple
a le droit de le changer par un acte de
la volonté commune, & de prendre
les meſures qui lui paroiſſent néceſſaires pour procurer ſa ſûreté & ſon
bonheur.

Les Habitans de cette République
s'étant juſqu'à préſent reconnus ſujets
du Roi de la Grande-Bretagne, uniquement en conſidération de la protection qu'ils attendoient de lui; &
ledit Roi ayant non-ſeulement retiré
cette protection, mais ayant commencé & continuant encore, par un
eſprit de vengeance inexorable, à
leur faire la guerre la plus cruelle &
la plus injuſte, dans laquelle il em-
ploie non-ſeulement les troupes de la
Grande-Bretagne, mais encore des
Étrangers mercénaires, des Sauvages
& des Eſclaves, pour parvenir au
but qu'il s'eſt propoſé & qu'il avoue,
de les réduire à une entiere & hon-
teuſe ſoumiſſion à la domination deſ-

potique du Parlement Britannique; ayant en outre exercé contre lesdits Habitans plusieurs autres actes de tyrannie (qui ont été pleinement développés dans la déclaration du Congrès général), ce qui a rompu & anéanti tous les liens de sujétion & de fidélité envers ledit Roi & ses successeurs, & fait cesser dans ces Colonies tous les pouvoirs & toutes les autorités émanées de lui.

Comme il est absolument nécessaire pour le bien-être & la sûreté des Habitans desdites Colonies, qu'elles soient désormais des Etats libres & indépendans, & qu'il existe dans chacune de leur partie une forme de Gouvernement juste, permanente & convenable, dont l'autorité du peuple soit la source unique & l'unique fondement, conformément aux vues de l'honorable Congrès Américain :

Nous les Représentans des Hommes libres de Pensylvanie, assemblés extraordinairement & expressément, à l'effet de tracer un Gouvernement d'après les principes exposés ci-dessus : reconnoissant la bonté du

Modérateur suprême de l'Univers
(lui qui seul sait à quel degré de
bonheur, sur la terre, le genre humain peut parvenir, en perfection-
nant l'art du Gouvernement) : reconnoissant la suprême bonté qu'il a de
permettre que le Peuple de cet Etat
se fasse de son propre & commun
consentement, sans violence, & après
en avoir mûrement délibéré, les loix
qu'il jugera les plus justes & les
meilleures pour gouverner sa future
société : pleinement convaincus que
c'est pour nous un devoir indispen-
sable d'établir les principes fondamentaux de Gouvernement les plus
propres à procurer le bonheur général du Peuple de cet Etat & de sa
postérité, & à pourvoir aux améliorations futures, sans partialité &
sans préjugé pour ou contre aucune

Note d'un Amériquain.

On sera peut-être surpris de trouver une
distinction d'*hommes libres* dans un pays où
l'on croit que tous les hommes le sont. Il
en existe encore en Amérique deux classes
qui ne le sont pas.

L'une entierement esclave, ce sont les

claffe, fecte ou dénomination d'hommes particulieres, quelle qu'elle foit:
en vertu de l'autorité dont nos Conf-
tituans nous ont revêtus, nous ordonnons, déclarons & établiffons *la
Déclaration de droits & le Plan de
Gouvernement* fuivant, pour être la
Conftitution de cette République, &

---

negres. A la vérité plufieurs, & même la
plus grande partie des Colonies, ont
toujours été oppofées à leur importation,
& fouvent ont fait des loix pour l'empêcher;
mais comme le confentement de la Couronne étoit néceffaire pour la confirmation
de ces loix, elles n'ont jamais pu être établies, le Roi les ayant toujours rejettées
comme contraires aux intérêts de la Compagnie Angloife d'Afrique: auffi la défenfe
d'importer ces malheureufes victimes de
l'avarice Européenne a-t-elle été une des
premieres opérations du Congrès général;
& l'on doit croire qu'il ne tardera pas à
ftatuer fur le fort des negres actuellement
exiftans dans l'étendue des *Treize Etats-
Unis*: car, quoique plufieurs Propriétaires
en Penfylvanie leur aient donné la liberté,
il en exifte encore d'efclaves même dans
cette Colonie, & beaucoup dans les Colonies Méridionales.
L'autre claffe d'*hommes non libres* ne gé-
mit pas dans l'efclavage; mais elle eft privée

C v

pour y demeurer en vigueur à jamais, sans altération, excepté dans
les articles que l'expérience démon-
trera par la suite exiger des améliorations, & qui seront corrigés ou

---

de la liberté, dans le sens politique de ce
mot qui implique la part dans le Gouvernement, & le droit de voter aux élections
des Officiers publics. Cette seconde classe
se subdivise en plusieurs especes, & com-
prend :

1°. *Les Enfans mineurs*, c'est-à-dire, qui
n'ont pas vingt ans accomplis. Comme ils
sont en général sans propriétés jusqu'à cet
âge, & sous l'autorité immédiate de leurs
parens, on suppose que ceux-ci auroient
trop d'influence sur leurs suffrages.

2°. Les *Apprentifs* : attachés à un maître
pour apprendre de lui le commerce ou une
profession quelconque, on présume qu'il
auroit sur leurs voix, pendant la durée de
leur apprentissage, une influence de même
nature que celle des peres sur leurs enfans.

3°. Enfin, *les Domestiques engagés* : ce
sont en général des arrivans d'Angleterre,
d'Irlande, d'Allemagne, &c. Beaucoup de
ces émigrans n'ayant pas de quoi payer
leur passage, conviennent avec les Capitaines qui consentent à les passer, de les
servir eux & les personnes auxquelles ils

perfectionnés, en vertu de la fufdite autorité du Peuple, par un corps de Délégués compofé comme l'ordonne ce plan de Gouvernement, pour obtenir & affurer d'une maniere plus

---

céderont leur droit, pendant une, deux, trois ou quatre années, plus ou moins, pour leur tenir lieu d'argent ; la durée de l'engagement fe regle fur l'âge & les talens du domeftique : des ouvriers déjà formés n'en contractent ordinairement que de fort courts.

Les Capitaines, en arrivant à l'Amérique, cedent ces engagemens de fervice aux habitans qui ont befoin de domeftiques ; mais il faut que la ceffion fe faffe devant un Magiftrat qui regle l'engagement conformément à la raifon & à la juftice, & qui oblige les maîtres de promettre par un acte écrit, que, pendant la durée de l'engagement le domeftique fera bien & duement nourri, vêtu, logé, &c. qu'on lui apprendra à lire, à écrire & à compter ; qu'on lui montrera quelque métier, ou qu'on l'inftruira dans une profeffion qui puiffe lui procurer par la fuite de quoi vivre, & qu'à la fin du terme il fera mis en liberté, & recevra en quittant fon maître un habillement complet & des hardes neuves. On délivre au domeftique une copie de cet engagement, & il en refte une autre fur les regiftres entre les mains du Magiftrat.

C v

efficace, *le grand objet & le véritable but de tout* GOUVERNEMENT*, tels que nous les avons exposés ci-dessus.*

à qui le domestique peut dans tous les tems avoir recours, si son maître le maltraite ou n'exécute pas fidélement sa partie du contrat.

Cette heureuse coutume facilite aux Colonies l'acquisition de nouveaux Habitans, & fournit aux pauvres de l'Europe le moyen de se transporter dans un pays où on les forme à une industrie qui leur assure pour la suite une honnête subsistance.

CHAPITRE PREMIER.

Déclaration expositive des droits des Habitans de l'État de PENSYLVANIE.

I.

Tous les hommes font nés également libres (1) & indépendans ; & ils ont des droits certains, naturels, effentiels & inaliénables, parmi lefquels on doit compter le droit de

Note de l'Editeur Anglois.

(1) Il eft effentiel de fe rappeller ici la définition de la liberté, donnée par un Américain dans la note précédente. « Le fens » politique de ce mot implique une part » dans le Gouvernement, & le droit de » voter aux élections des Officiers publics ». Tous les hommes font nés pour jouir de cette efpece de liberté. Nous avons déjà fait voir ailleurs que ceux qui ont tranfmis à d'autres ce droit naturel, par la crainte de ne pas l'exercer eux-mêmes pour leur plus grand avantage, en ont ufé & continuent d'en ufer dans la même étenduë que ceux qui ont entendu fe le réferver individuellement.

jouir de la vie & de la liberté, & de les défendre : celui d'acquérir une propriété, de la posséder & de la protéger ; enfin celui de chercher & d'obtenir leur bonheur & leur sûreté.

I I.

Tous les hommes ont le droit naturel & inaliénable d'adorer le Dieu Tout-Puissant, de la maniere qui leur est dictée par leur conscience & leurs lumieres (1). Aucun homme ne

---

(1) La liberté de la Religion est de droit naturel dans la grande République des Nations. Chaque État peut avoir la sienne, & ne doit souffrir à cet égard aucune contrainte. Il a plu aux uns d'établir chez eux l'uniformité de culte ou un culte dominant ; d'autres en ont admis de quelques especes seulement ; d'autres encore veulent les recevoir toutes indistinctement. L'opinion qui détermine ces divers choix doit être généralement respectée. C'est par-tout l'effet de la délibération volontaire des hommes libres, qui se sont formés en corps de société. Ceux chez qui cette société est liée par le principe de n'avoir qu'une foi comme ils n'ont qu'un Roi & qu'une Loi, n'ont point aliéné ce droit naturel ; ils en ont usé de la

doit ni ne peut être légitimement
contraint à embraſſer une forme par-

---

maniere qui leur a paru la plus convenable
à leur félicité temporelle. Qui eſt-ce qui
dira que pour le bonheur de l'homme, tout
principe religieux ne doit point être fixe &
invariable ? L'opinion établie ici pour les
Penſylvains, qui leur permet toute eſpece
de culte, & conſéquemment de les embraſſer tous ſucceſſivement, ſi cela leur plaît,
cette opinion, dis-je, acquérant chez eux
la ſtabilité dont ils ſe flattent, ſans doute
elle deviendra un principe fondamental
dont leurs deſcendans ne pourront & ne
devront pas plus ſe détacher, qu'ailleurs
on ne doit renoncer à l'unité de Religion
ou à l'uniformité de culte. Ils s'interdiſent
pour jamais, par la préſente Loi, tout eſſai
de l'opinion qui reſtraint le culte religieux
à une ſeule eſpece ou à certaines eſpeces ;
qui indique un lieu ou des lieux particuliers
de culte ; qui pourvoit à la ſubſiſtance des
Miniſtres toujours occupés de ce culte ;
qui établit l'ordre dans la choſe, où l'ordre
produit les plus merveilleux effets ſur les
ames & les avantages les plus précieux pour
la ſociété. Cette Doctrine a pu ſe ſoutenir
dans une petite tribu de nos *Quakers* ; mais
il eſt bien douteux qu'elle fût ferme & permanente chez une grande Nation ; c'eſt au
moins le ſeul point de vue où on puiſſe la
bien juger.

ticuliere de culte religieux, à établir ou entretenir un lieu particulier de culte, ni à foudoyer des Miniftres de religion contre fon gré, ou fans fon propre & libre confentement : aucun homme, qui reconnoît l'exif- tence d'un Dieu, ne peut être jufte- ment privé d'aucun droit civil comme citoyen, ni attaqué en aucune ma- niere, à raifon de fes fentimens, en matiere de religion, ou de la forme particuliere de fon culte : aucune Puiffance dans l'Etat ne peut ni ne doit s'arroger l'exercice d'une auto- rité qui puiffe, dans aucun cas, lui permettre de troubler ou de gêner le droit de la confcience dans le libre exercice du culte religieux.

III.

LE Peuple de cet Etat a feul le droit effentiel & exclufif de fe gou- verner & de régler fon adminiftra- tion intérieure.

IV.

TOUTE autorité réfidant originai- rement dans le Peuple, & étant par conféquent émanée de lui ; il s'enfuit

que tous les Officiers du Gouvernement revêtus de l'autorité, soit législative, soit exécutrice, font ses
mandataires, ses serviteurs, & lui
sont comptables dans tous les tems.

V.

LE Gouvernement est ou doit être
institué pour l'avantage commun,
pour la protection & la sûreté du
Peuple, de la Nation ou de la Communauté, & non pour le profit ou
l'intérêt particulier d'un seul homme,
d'une famille, ou d'un assemblage
d'hommes qui ne font qu'une partie
de cette Communauté. La Communauté a le droit incontestable, inaliénable & inamissible de réformer,
changer ou abolir le Gouvernement,
de la maniere qu'elle juge la plus
convenable, & la plus propre à procurer le bonheur public.

V I.

AFIN d'empêcher ceux qui font
revêtus de l'autorité législative ou
exécutrice de devenir oppresseurs,
le Peuple a le droit, aux époques
qu'il juge convenables, de faire ren-

trer fes Officiers dans l'état privé ;
& de pourvoir aux places vacantes
par des élections certaines & régulieres.

VII.

TOUTES les élections doivent être
libres : & tous les hommes libres
ayant un intérêt fuffifant, évident &
commun, & étant attachés à la Communauté par les mêmes liens, tous
doivent avoir un droit égal à élire
les Officiers, & à être élus pour les
différens emplois.

VIII.

CHAQUE Membre de la fociété a
le droit d'être protégé par elle dans
la jouiffance de fa vie, de fa liberté
& de fa propriété : il eft par conféquent obligé de contribuer pour fa
part aux frais de cette protection,
de donner, lorfqu'il eft néceffaire,
fon fervice perfonnel ou un équivalent ; mais aucune partie de la propriété d'un homme ne peut lui être
enlevée avec juftice, ni appliquée
aux ufages publics, fans fon propre
confentement, ou celui de fes repréfentans légitimes : aucun homme qui

se fait un scrupule de conscience de
porter les armes ne peut y être forcé
justement, lorsqu'il paie un équivalent; & enfin les Hommes libres de
cet Etat ne peuvent être obligés d'o-
béir à d'autres loix qu'à celles qu'ils
ont consenties pour le bien commun,
par eux-mêmes ou par leurs représentans légitimes.

IX.

DANS toutes les poursuites pour
crime, un homme a le droit d'être
entendu par lui & par son conseil;
de demander la cause & la nature de
l'accusation qui lui est intentée; d'être
confronté aux témoins; d'administrer
toutes les preuves qui peuvent lui
être favorables; de requérir une instruction prompte & publique par un
Juré impartial du pays, sans l'avis
unanime duquel il ne sauroit être déclaré coupable. Il ne peut pas être
forcé d'administrer des preuves contre
lui-même; & aucun homme ne peut
être privé justement de sa liberté
qu'en vertu *des Loix du pays*, ou du
jugement de ses Pairs.

X.

TOUT homme a le droit d'être pour sa personne, ses maisons, ses papiers & pour toutes ses possessions, à l'abri de toutes recherches & de toutes saisies ; en conséquence tout *Warrant* (1) est contraire à ce droit, si des sermens ou affirmations préliminaires n'en ont pas suffisamment établi le fondement, & si l'ordre ou la requisition portés par le *Warrant* à un Officier ou Messager d'Etat, de faire des recherches dans des lieux

---

(1) Le *Warrant* est un ordre ordonné par les Officiers de Justice, & même en Angleterre, par les Secrétaires d'Etat, pour faire recherche de personnes ou de choses, & les saisir. Il est ainsi nommé, parce que celui qui le donne en est responsable, *garant*. Il faut que la cause pour laquelle le *Warrant* est donné y soit exprimée, ainsi que la personne ou la chose qui en sont l'objet. Tout *Général Warrant*, c'est-à-dire, *Warrant* qui ordonneroit la recherche ou la saisie d'une personne, ou d'une chose sans désignation spéciale, est contre les loix.

Le *Warrant* se donne ordinairement à la requête d'une partie civile ou de la partie publique, qui doivent administrer des preuves suffisantes pour l'obtenir.

suspects, d'arrêter une ou plusieurs personnes, ou de saisir leur propriété, ne sont pas accompagnés d'une désignation & description spéciales de la personne ou des objets à rechercher ou à saisir. Enfin il ne doit être décerné aucun *Warrant* que dans les cas & avec les formalités prescrites.

X I.

DANS les discussions relatives à la propriété & dans les procès entre deux ou plusieurs particuliers, les parties ont droit à l'instruction par Juré, & cette forme de procéder doit être regardée comme sacrée.

X I I.

LE Peuple a droit à la liberté de parler, d'écrire & de publier ses sentimens; en conséquence la liberté de la presse ne doit jamais être gênée.

X I I I.

LE Peuple a droit de porter les armes pour sa défense & pour celle de l'Etat; & comme, en tems de paix, des armées sur pied sont dangereuses pour la liberté, il ne doit point en être entretenu; & le militaire doit toujours être tenu dans une exacte subordination à l'autorité civile, & toujours gouverné par elle.

XIV.

UN recours fréquent aux principes fondamentaux de la Constitution, & une adhésion constante à ceux de la justice, de la modération, de la tempérance, de l'industrie & de la frugalité, sont absolument nécessaires pour conserver les avantages de la liberté, & maintenir un Gouvernement libre. Le Peuple doit en conséquence avoir une attention particuliere à tous ces différens points dans le choix de ses Officiers & Représentans; & il a droit d'exiger de ses Législateurs & de ses Magistrats une observation exacte & constante de ces mêmes principes, dans la confection & l'exécution des loix nécessaires pour la bonne administration de l'Etat.

XV.

TOUS les hommes ont un droit naturel & essentiel à quitter l'Etat dans lequel ils vivent, pour s'établir dans un autre qui veut les recevoir, ou à former un Etat nouveau dans des pays vacans ou dans des pays qu'ils achetent, toutes les fois qu'ils croient pouvoir par-là se procurer le bonheur.

X V I.

LE peuple a droit de s'assembler, de consulter pour le bien commun, de donner des instructions à ses Représentans, & de demander au Corps législatif, par la voie d'adresses, de pétitions ou de remontrances, le redressement des torts qu'il croit lui être faits.

CHAPITRE II.
FORME DE GOUVERNEMENT.

Section premiere.

LA RÉPUBLIQUE, ou Etat de Penſylvanie, ſera déſormais gouvernée par une Aſſemblée des Repréſentans des Hommes libres de l'Etat, & par un Préſident & un Conſeil, de la maniere & dans la forme ſuivantes.

Section ſeconde.

LA ſuprême puiſſance légiſlative ſera confiée à une Chambre com-

---

Projet d'une forme de Gouvernement pour l'Etat de Penſylvanie, imprimé pour mettre les habitans en état de communiquer leurs remarques. (Juillet 1776).

Sect. premiere. L'Etat ou la République de Penſylvanie ſera gouverné à l'avenir par une aſſemblée de perſonnes qui repréſenteront les Hommes libres de ladite République, par un Préſident & un Conſeil, dans la forme & de la maniere ſuivante.

Sect, 2. Le pouvoir légiſlatif ſera confié à la Chambre des Membres repréſentant les

poſée

posée des Représentans des Hommes
libres de l'Etat ou République de Pensylvanie.

Section troisieme.

LA suprême Puissance exécutrice
sera confiée à un Président & à un
Conseil.

Section quatrieme

IL sera établi des Cours de Justice
dans la ville de Philadelphie, & dans
chacun des Comtés qui composent
cet Etat.

Section cinquieme.

LES hommes libres de l'Etat, &
leurs enfans mâles seront armés &

Hommes libres de ladite République ou
Etat de Pensylvanie.

Sect. 3. Le pouvoir exécutif sera exercé
par un Président & un Conseil.

Sect. 4. On établira des Cours de Judicature à *Philadelphie* & dans toutes les Provinces de la Pensylvanie.

Sect. 5. Les gens libres de cet Etat ou
République seront armés & instruits dans
l'exercice des armes pour la défendre ; & la
Milice choisira ses Officiers, (les Généraux

D

difciplinés pour fa défenfe, fous tels
réglemens, reftrictions, exceptions
que l'Affemblée générale aura établis
avec force de Loi, confervant toujours au Peuple le droit de choifir
les Colonels & autres Officiers de
grade inférieur ayant commiffion, de
la maniere & par des élections auffi
fréquentes que les fufdites Loix le
prefcriront.

Section fixieme.

TOUT homme libre, de l'âge de
vingt & un ans accomplis, qui aura
réfidé dans l'Etat une année entiere
immédiatement avant le jour où fe
fera l'élection des Repréfentans, &
qui aura payé les taxes pendant ce
tems, jouira du droit d'élire: mais

---

exceptés), autant de fois qu'il fera réglé
par les Loix concernant ladite Milice. Les
Officiers recevront leurs commiffions du
Préfident du Confeil.

Sect. 6. Tout homme libre ayant atteint
l'âge de vingt-un ans, qui aura réfidé dans
cet Etat ou République l'efpace d'un an
entier, à dater du jour de l'élection, &
aura payé les taxes publiques durant ledit
efpace de tems, jouira du droit d'électeur ;

les enfans des *Francs-Tenanciers* (1) auront à l'âge de vingt & un ans accomplis droit de voter, quoiqu'ils n'aient point payé les taxes.

Section septieme.

LA Chambre des Repréfentans des Hommes libres de cette République,

(1) *Francs-Tenanciers.* Cette dénomination, qui s'appliquoit originairement en Angleterre à ceux qui poffédoient leurs terres en *Aleu*, ne fignifie pas autre chofe en Amérique que *Poffeffeurs en propre*, *Propriétaires de terres.*

---

pourvu qu'il prête un ferment ou faffe une affirmation (*pour les Quakers qui ne jurent jamais*) de fidélité à la République, s'il en eft requis.

Sect. 7. La Chambre des Repréfentans des Hommes libres de cette République fera compofée de —— Membres, choifis parmi les perfonnes les plus notables par leur fageffe & leur vertu; ils feront élus par les Hommes libres de *Philadelphie* & des Provinces refpectives de la République. Aucune perfonne ne fera éligible, qu'elle n'ait réfidé dans le lieu, pour lequel elle fera choifie, deux ans immédiatement antérieurs à ladite élection; & tout Membre ainfi élu ne pourra exercer d'autre emploi, excepté dans la Milice.

fera compofée des perfonnes les plus
recommandables par leur fageffe &
leur vertu, qui feront choifies refpectivement par les Hommes libres
de chaque Ville & Comté de l'Etat.
Perfonne ne pourra être élu, à moins
d'avoir réfidé dans la Ville ou dans
le Comté pour lefquels il feroit
choifi, deux années entieres, immédiatement avant ladite élection; &
aucun Membre de cette Chambre,
tant qu'il le fera, ne pourra poffèder
aucun autre emploi que dans la
Milice.

Section huitieme.

PERSONNE ne pourra être élu
Membre de la Chambre des Repréfentans des Hommes libres de cette
République, plus de quatre années
fur fept.

Section neuvieme.

LES Membres de la Chambre des

Sect. 8. Perfonne ne pourra être élu en
qualité de Repréfentant des Hommes libres
de ladite République, plus de quatre ans
fur fept, & perfonne ne pourra fervir plus
de quatre ans confécutifs.

Sect. 9. On choifira lefdits Membres tous
les ans à la pluralité des voix des Hommes

Représentans feront choifis annuellement au fcrutin par les Hommes libres de la République, le fecond
mardi d'Octobre, dans la fuite, (hors
la préfente année), & s'affembleront
le quatrieme lundi du même mois;
ils s'intituleront, *l'Affemblée générale*
des Repréfentans des Hommes libres de
Penfylvanie, & ils auront le droit
de choifir leur Orateur, le Tréfo-

libres de la République, le premier Lundi
d'Octobre à perpétuité (excepté la préfente
année); lefdits Membres s'affembleront le
troifieme Lundi dudit mois, & formeront
l'Affemblée générale des Repréfentans des Hom-
mes libres de Penfylvanie. Ils auront le droit
de choifir leur Orateur, le Tréforier de
l'Etat & les autres Officiers, de s'ajourner,
de préparer des *Bills*, leur donner force
de loi, décider de l'élection & capacité de
leurs collégues. Ils pourront exclure les
candidats une premiere fois, mais non pas
dans le cas où la perfonne excluse feroit
choifie une feconde fois. Ils recevront
le ferment ou l'affirmation pour l'examen
des témoins; entendront les plaintes & y
feront droit. Ils citeront les coupables à
leur Tribunal; enfin, ils feront revêtus de
tout le pouvoir légiflatif d'un Etat libre ou
républicain; mais ils ne pourront pas ajouter, changer, abolir ou enfreindre en aucune maniere la préfente Conftitution.

rier de l'Etat & leurs autres Officiers : leurs féances feront indiquées
& réglées par leurs propres ajournemens : ils prépareront les Bills, &
leur donneront force *de loix :* ils jugeront de la validité des élections &
des qualités de leurs Membres : ils
pourront expulfer un de leurs Membres ; mais jamais deux fois pour une
même caufe : ils pourront ordonner
le ferment ou l'affirmation d'après
l'examen des témoins ; faire droit fur
les griefs qui leur feront préfentés,
accufer les criminels d'Etat (1), accorder des chartes de corporations,
conftituer des villes, bourgs, cités
& comtés ; & ils auront tous les

---

(1) On a rendu le mot Anglois *Impeach-*
ment par *Accufation de crime d'État.* Ce terme
s'applique à une procédure particuliere aux
procès pour malverfations dans les grands
emplois. C'eft en Angleterre la Chambre
des Communes qui fe rend accufatrice devant celle des Pairs , à qui feule la connoiffance de ces caufes eft réfervée en fa qualité
de Cour fuprême de Juftice. En Penfylvanie , ce fera l'Affemblée générale qui
accufera , & le Confeil d'Etat qui fera Juge;
& il n'exercera lui-même la juftice que dans
cette feule efpece de caufe.

autres pouvoirs néceffaires au Corps
légiflatif d'un Etat libre ou République; mais ils n'auront pas l'autorité de rien ajouter ni changer à
aucune partie de la préfente Conftitution, ni de l'abolir, ou de l'enfreindre dans aucune de fes parties.

Section dixieme.

LES deux tiers du nombre entier
des Membres élus feront un nombre
fuffifant pour difcuter & décider les
affaires dans la Chambre des Repréfentans. Auffi-tôt qu'ils feront affemblés, & qu'ils auront choifi leur Orateur, avant de s'occuper d'aucune
affaire, chacun des Membres fera &
fignera, outre le ferment ou affirmation de fidélité & d'obéiffance qui
fera ordonné par un des articles fui-

Sect. 10. Les deux tiers des Membres
ainfi élus feront fuffifans pour former la
Chambre complette. Après qu'ils fe feront
affemblés, & qu'ils auront choifi leur Orateur, chacun en particulier foufcrira non-
feulement au formulaire du ferment d'allégeance & de fidélité, dont on parlera ci-
après, mais auffi prêtera le ferment ou fera
l'affirmation fuivante :

D iv

vans, un serment ou une affirmation conçus en ces termes :

« Je jure (ou affirme) que, comme Membre de cette Affemblée, je ne proposerai aucun Bill, vœu ou réfolution, & que je ne donnerai mon confentement à aucun qui me paroiffe nuifible au Peuple ; que je ne ferai rien, ni ne confentirai à aucun acte, ni à aucune chofe quelle qu'elle foit, qui tende à affoiblir ou diminuer les droits & privileges du Peuple, tels qu'ils font énoncés dans la Conftitution de cet Etat ; mais que je me conduirai en toutes chofes comme

———————————————————

« Je N. jure (ou affirme) qu'en ma qualité de Membre de cette Affemblée, je ne proposerai aucun Bill, ni ne confentirai à ce que l'on vote ou décide aucune chofe qui pourroit paroître nuifible au bien public ; que je ne ferai ou permettrai que l'on faffe aucune démarche qui tende à diminuer ou reftreindre les droits ou privileges du Peuple, tels qu'ils font établis par la Conftitution de cet Etat ; mais qu'au contraire je me conduirai en toutes chofes comme un honnête & fidele Repréfentant & Gardien du Peuple, autant que mon jugement & ma capacité pourront me le permettre ».

un honnête & fidele Repréfentant &
Gardien du Peuple, en fuivant ce que
mon jugement & mes lumieres m'indiqueront de meilleur ».

Et chaque Membre, avant de prendre fa féance, fera & fignera la déclaration fuivante : favoir,

« Je crois en un feul Dieu, Créateur & Gouverneur de cet univers,
qui récompenfe les bons & punit les
méchans. Et je reconnois que les
Ecritures de l'ancien & du nouveau
Teftament ont été données par infpiration divine ».

Et jamais il ne fera exigé de profeffion de foi autre ni plus étendue
d'aucun Officier civil ou Magiftrat
dans cet Etat.

Section onzieme.

LES Délégués, pour repréfenter

Chaque Membre, avant de prendre
féance, fera la déclaration fuivante, à
laquelle il foufcrira : « Je crois en un feul
Dieu, Créateur & Gouverneur de l'Univers ».

Sect. 11. Les Députés, chargés de repré-

cet état au Congrès, feront élus au
fcrutin par la future Affemblée générale à fa premiere féance, & ainfi
par la fuite chaque année, tant que
cette repréfentation fera néceffaire.
Tout Délégué pourra être déplacé,
en quelque tems que ce foit, fans
autre formalité que la nomination à
fa place par l'Affemblée générale. Perfonne ne pourra fiéger en Congrès
plus de deux ans de fuite, & ne
pourra être réélu qu'après trois années d'interruption; & aucune perfonne pourvue d'un emploi à la nomination du Congrès, ne pourra être
dorénavant choifie pour y repréfenter cette République.

---

fenter cet Etat au Congrès, feront choifis
à la pluralité des voix par les Membres de
la fufdite Affemblée, à fa premiere féance,
& enfuite annuellement à perpétuité; tout
Député pourra être rappellé par l'Affemblée générale, qui pourra de même en
nommer un autre à fa place. Perfonne ne
pourra fiéger, comme Député auprès du
Congrès, plus de deux ans de fuite. Perfonne ne pourra être élu une feconde fois
avant l'efpace de trois ans, après l'expiration de ce terme.

Section douzieme.

S'IL arrivoit qu'une ou plusieurs Villes, qu'un ou plusieurs Comtés négligeassent ou refusassent d'élire ou d'envoyer des Représentans à l'Assemblée générale, les deux tiers des Membres des Villes ou Comtés qui auront élu & envoyé les leurs, auront tous les pouvoirs de l'Assemblée générale, aussi pleinement & aussi amplement que si la totalité étoit présente, pourvu toutefois que lorsqu'ils s'assembleront, il se trouve des Députés de la majorité des Villes & Comtés.

Section treizieme.

LES portes de la Chambre dans laquelle les Représentans des Hom-

---

Sect. 12. Si un ou plusieurs Comtés négligent ou refusent d'envoyer des Représentans à l'Assemblée générale, pourvu que les Membres, choisis par les autres Comtés, forment ensemble les deux tiers de ladite Assemblée, ils auront le même plein-pouvoir & représenteront cet Etat aussi pleinement que si tous les Députés s'y trouvoient.

Sect. 13. Les portes de la salle où les Re-

D vj

mes libres de cet Etat tiendront l'Affemblée génerale, feront & demeureront ouvertes; & l'entrée en fera libre à toutes perfonnes qui fe comporteront décemment, à l'exception du feul cas où le bien de l'Etat exigera qu'elles foient fermées.

Section quatorzieme.

Le Journal des Séances de l'Affemblée générale fera imprimé chaque femaine durant la feffion, & lorfque deux Membres feulement le demanderont. On imprimera les *oui* & les *non* fur chaque queftion, vœu ou réfolution, excepté quand les voix

---

préfentans des Hommes libres de cet Etat tiendront leurs féances, feront & demeureront ouvertes pour toutes perfonnes qui fe comporteront décemment; excepté dans les cas où la fûreté publique exigera que lefdites portes foient fermées.

Sect. 14. Toutes les femaines, pendant les féances de ladite Affemblée, on fera imprimer les décifions & les procédés de la Chambre, ainfi que les *oui* & les *non*. Les actes, queftions & réfolutions feront également publiés à la requifition de deux Membres, excepté dans les cas où l'on votera par ballote (*fcrutin*).

auront été prises au scrutin ; & lors
même qu'elles auront été prises de
cette maniere, chaque Membre aura
droit d'insérer dans le Journal, s'il
le juge à propos, les motifs de son
vœu.

Section quinzieme.

AFIN que les Loix puissent être
plus mûrement examinées avant de
recevoir leur dernier caractere ; &
afin de prévenir, autant qu'il est
possible, l'inconvénient des déter-
minations précipitées, tous les Bills
qui auront un objet public seront
imprimés pour être soumis à l'examen du Peuple, avant la derniere
lecture que doit en faire l'Assemblée

Sect. 15. Tout Bill d'importance publique sera lu trois fois, à trois différens jours,
dans la Chambre des Représentans. Après
la troisieme lecture, il sera imprimé &
publié, pour être examiné par le public,
au moins sept jours avant qu'il soit lu une
quatrieme fois ; il sera alors sujet à de nouveaux débats & changemens avant d'obtenir
force de loi ; &, à moins que la nécessité
ne l'exige, ces Bills ne recevront ladite
sanction que dans la séance qui suivra la
quatrieme lecture.

générale , pour les discuter & les corriger en derniere instance : & excepté dans les occasions où la célérité sera indispensablement nécessaire, ils ne seront passés en loi que dans la session suivante de l'Assemblée générale ; & afin de satisfaire le public aussi parfaitement qu'il est possible, les raisons & les motifs qui auront déterminé à porter la loi, seront complétement & clairement développés dans le préambule.

Section seizieme.

LE style des Loix de cette République sera : « Qu'il soit statué ; & il est ici statué par les Représentans des

---

Sect. 16. Le protocole des loix de cette République sera conçu en ces termes : « qu'il soit passé en loi., & par ces Présentes il est passé en loi par les Représentans des Hommes libres de la République de Pensylvanie, assemblés à cet effet, & par l'autorité de ladite Assemblée ». L'Assemblée générale apposera son sceau à chaque Bill aussi-tôt qu'il sera passé en loi, lequel sceau sera confié à la garde de ladite Assemblée ; il sera appellé le *sceau des loix de la Pensylvanie*, & ne pourra servir à aucun autre objet.

Hommes libres de la République de Pensylvanie, siégeans en Assemblée générale, & par leur autorité ». Et l'Assemblée générale apposera son sceau à chaque Bill lorsqu'elle le passera en loi. Ce sceau sera gardé par l'Assemblée : il sera appellé *le sceau des loix de Pensylvanie*, & ne servira à aucun autre usage.

Section dix-septieme.

LA ville de Philadelphie, & chaque Comté de cette République res-

---

Sect. 17. Le Conseil suprême, revêtu du pouvoir exécutif, sera formé de neuf Membres choisis en la maniere suivante : neuf Conseillers seront nommés par la Chambre des Représentans dans l'espace d'une semaine, après que le nombre desdits Représentans sera complet. Lesdits Conseillers serviront tous la premiere année, un tiers d'iceux pendant cette année seulement ; un tiers pendant deux ; & l'autre tiers pendant trois ans. Les places vacantes seront remplies par de nouvelles élections, faites par la Chambre des Représentans, de trois Conseillers chaque année à perpétuité. Aucun des Membres de la Chambre des Représentans ne pourra être choisi pour le Conseil ; & en cas de mort ou autrement,

pectivement, choisiront le premier mardi de Novembre de la présente année, & le second mardi d'Octobre, chacune des deux années suivantes, mil sept cent soixante & dix-sept & mil sept cent soixante & dix-huit, six personnes pour les représenter dans l'assemblée générale. Mais comme la représentation, en proportion du nombre des habitans payant la taxe, est le seul principe qui puisse dans tous les tems assurer la liberté, & faire que la loi du pays soit l'expression véritable de la voix de la majorité du Peuple; l'Assemblée générale fera prendre des listes complettes des habitans payant taxes dans

les places vacantes dans ledit Conseil seront remplies par le choix de ladite Assemblée, lors de la séance qui suivra immédiatement. Le Président & le Vice-Président seront choisis, par la voie du scrutin, par la Chambre des Représentans & par les Membres du Conseil; & ils seront toujours tirés de ce dernier Corps. Personne ne pourra être Président pendant plus de trois ans consécutifs, & quiconque aura exercé cette charge pendant ledit tems, ne pourra y être nommé que quatre ans après.

la ville & dans chaque Comté de cette
République, & ordonnera qu'elles
lui soient envoyées au plus tard à
l'époque de la derniere Séance de
l'Assemblée élue dans l'année mil sept
cent soixante & dix-huit, qui fixera
le nombre des Représentans pour la
ville & pour chaque Comté, en proportion de celui des habitans payant
taxes, portés dans chacune de ces
listes. La représentation ainsi fixée
subsistera sur le même pied pendant
les sept années ensuivantes, au bout
desquelles il sera fait un nouveau re-
censement des habitans payant taxes,
& il sera établi par l'Assemblée générale une nouvelle proportion de
représentation en conséquence : il en
sera usé de même à l'avenir tous les
sept ans. Les appointemens des Représentans dans l'Assemblée générale,
& toutes les autres charges de l'Etat
seront payées par le Trésor d'Etat.

Section dix-huitieme.

AFIN que les hommes libres de

Sect. 18. Le Président, ou en son absence
le Vice-Président, & ... Membres forme-

cette République puiffent jouir auffi
également qu'il eft poffible du bénéfice

---

ront un nombre fuffifant & auront le pouvoir de nommer des Juges, des Officiers de
marine, le Juge de l'Amirauté, le Procureur-Général, & autres Officiers civils &
militaires, excepté ceux qui, fuivant la
forme de ce Gouvernement & les loix qui
pourront être faites à l'avenir, doivent être
choifis par l'Affemblée des Repréfentans ou
par le Peuple. Lefdits Membres du Confeil nommeront aux emplois vacans par la
mort, démiffion volontaire ou forcée de
ceux qui les exerçoient, en attendant qu'il
y puiffe être pourvu dans le tems & en la
même maniere que la Loi ou cette Conftitution l'exige. Ils feront chargés d'entretenir
la correfpondance avec les autres Etats, de
travailler avec les Officiers civils & militaires du Gouvernement, & de préparer
les matieres qui devront être agitées dans
l'Affemblée générale. Ils feront Juges dans
toutes les caufes criminelles ; ils pourront
faire grace & faire remife des amendes
en toutes occafions, excepté dans le cas de
trahifon & de meurtre. Dans ces derniers
cas cependant, ils pourront fufpendre l'exécution des criminels jufqu'à la clôture de la
féance de l'Affemblée générale, & pas plus
long-tems ; mais il n'y aura que le pouvoir
légiflatif à qui il foit permis d'adoucir la
peine, ou de pardonner pour les crimes de

de l'élection, jufqu'à ce que la repréfentation, telle qu'elle eft ordonnée
dans la précédente Section, puiffe
commencer, chaque Comté pourra fe
divifer à fon gré en autant de diftricts
qu'il le voudra, tenir les élections

haute-trahifon ou de meurtre. Lefdits Confeillers doivent auffi tenir la main à ce que
les loix foient exécutées ponctuellement,
& à ce que les réfolutions de l'Affemblée
générale aient leur effet. Ils pourront tirer
du tréfor l'argent qui fera voté pour leur
ufage, par ladite affemblée. Pendant la vacance de l'Affemblée feulement, ils pourront mettre des embargo pour prévenir l'exportation des denrées, pourvu que le terme
n'excede pas trente jours. Il leur fera permis, fuivant l'exigeance des cas, de convoquer l'Affemblée générale avant le tems
auquel elle fe feroit ajournée. Le Préfident
fera Commandant en chef des troupes de
la République; mais il n'ira en perfonne à
la tête des armées que de l'avis du Confeil
& pour le tems que le Confeil jugera à
propos. Le Préfident & le Confeil auront
un Secrétaire qui tiendra un regiftre exact
de ce qui s'y fera, & dans lequel chaque
Membre pourra faire inférer le refus qu'il
fera de concourir à quelque délibération,
& les raifons qu'il pourra avoir de s'y re-
fufer.

dans ces diftricts, & y élire les Repréfentans dans le Comté & les autres
Officiers électifs, ainfi qu'il fera réglé
dans la fuite par l'Affemblée de cet
Etat. Et aucun habitant de cet Etat
n'aura voix plus d'une fois chaque
année à l'élection pour les Repréfentans dans l'Affemblée générale.

Section dix-neuvieme.

LE fuprême Confeil, chargé dans
cet Etat de la puiffance exécutrice,
fera compofé pour le préfent de
douze perfonnes choifies de la maniere fuivante. Les Hommes libres
de la Ville de Philadelphie, & des
Comtés de Philadelphie, de Chefter
& de Bucks, dans le même tems &
au même lieu où fe fera l'élection
des Repréfentans pour l'Affemblée
générale, choifiront au fcrutin refpectivement une perfonne pour la

---

Sect. 19. Toutes les commiffions feront
au nom & fous l'autorité des Hommes
libres de la République de Penfylvanie,
fcellées du fceau de l'Etat, & contre-
fignées par le Secrétaire; ledit fceau fera à
la garde du Confeil.

Ville, & une pour chacun des Comtés
fufdits, & ces perfonnes ainfi élues
devront fervir dans le Confeil trois
ans, & pas davantage. Les Hommes
libres des Comtés de Lancaftre,
d'York, de Cumberland & de Berks,
éliront de la même maniere une perfonne pour chacun de leurs Comtés
refpectifs ; & celles - ci ferviront
comme Confeillers deux ans & pas
davantage. Et les Comtés de Nor-
thampton, de Bedford, de Northum-
berland & de Weftmoreland éliront
auffi de la même maniere une perfonne pour chacun de leurs Comtés;
mais ces dernieres ne ferviront au
Confeil qu'un an & pas davantage.

A l'expiration du tems pour lequel chaque Confeiller aura été élu,
les Hommes libres de la Ville de Philadelphie & de chacun des Comtés
de cet Etat choifiront refpectivement
une perfonne pour être Membre du
Confeil pendant l'efpace de trois années, & non au-delà; & il en fera
ufé de même par la fuite tous les
trois ans.

Au moyen d'élections ainfi combi-
nées, & de cette rotation continuelle,

il y aura plus d'hommes accoutumés à traiter les affaires publiques : il se trouvera dans le Conseil, chacune des années suivantes, un certain nombre de personnes instruites de ce qui s'y sera fait l'année d'auparavant; & par-là les affaires seront conduites d'une maniere plus suivie & plus uniforme; & cette forme aura le grand avantage encore de prévenir efficacement tout danger d'établir dans l'Etat une Aristocratie qui ne sauroit être que nuisible.

Toutes les places vacantes dans le Conseil, par mort, résignation ou autrement, seront remplies à la premiere élection pour les Représentans dans l'Assemblée générale, à moins que le Président & le Conseil ne jugent à propos d'indiquer pour cet objet une élection particuliere plus prochaine. Aucun Membre de l'Assemblée générale, ni aucun Délégué au Congrès ne pourront être élus Membres du Conseil.

Le Président & le Vice-Président seront choisis annuellement au scrutin par l'Assemblée générale & le Conseil réunis; mais ils seront toujours

choifis parmi les Membres du Confeil.
Toute perfonne qui aura fervi pendant trois années fucceffives comme
Confeiller, ne pourra être revêtue
du même Office qu'après une interruption de quatre ans. Tout Membre
du Confeil, en vertu de fon Office,
fera Juge de Paix (1) pour toute la
République.

Dans le cas où il feroit érigé dans
cet Etat un ou plufieurs nouveaux
Comtés, ce Comté ou ces Comtés
ajoutés éliront un Confeiller, & feront annexés aux Comtés les plus
voifins, pour prendre leur tour avec
eux.

Le Confeil s'affemblera chaque

---

(1) Les Juges de paix font des Juges
inférieurs chargés de la police ; ils ont droit
de faire arrêter les gens qui troublent la
tranquillité publique ; il y en a plufieurs
dans chaque *Comté*, & ils forment une Cour
qui connoît de plufieurs efpeces de crimes,
même capitaux.

Les Membres du Confeil d'Etat de Penfylvanie ont par leur Office l'autorité de
Juges de Paix dans tout l'Etat ; mais celle
des *Juges de Paix*, proprement dits, eft
circonfcrite dans les limites de leur Comté.

année dans le même tems, & au même lieu que l'Assemblée générale.

Le Trésorier de l'Etat, les Commissaires de l'Office du prêt public (1), les Officiers de Marine, les Collecteurs des Douanes & de l'Accise, le Juge de l'Amirauté, les Procureurs-Généraux, les Shériffs (2) & les Protonotaires ne pourront être élus pour siéger, ni dans l'Assemblée générale, ni dans le Conseil, ni dans le Congrès continental.

---

(1) L'Office du *Prêt Public*, est une banque dont les billets ont cours dans l'Etat; elle prête, en hypothéquant sa créance sur des fonds de terre, jusqu'à la moitié de la valeur de la terre hypothéquée: l'emprunteur reste en possession de sa terre, & acquitte dans l'espace de seize ans, par voie d'annuité, les intérêts & le capital.

L'objet de tout cet article est d'exclure des Corps principaux de l'Etat, toutes les personnes qui exercent des emplois lucratifs.

(2) Le *Shériff* est le premier Magistrat du Comté; ce mot vient de *Shire*, qui signifie en Anglois *Comté*. C'est le Shériff qui préside aux assemblées du *Comté*, & qui fait la liste des Jurés; il est à la fois Officier d'administration & Juge dans certains cas; c'est un emploi très-important.

Section

Section vingtieme.

LE Président, & en son absence le Vice-Président avec le Conseil, dont cinq Membres formeront un nombre suffisant, auront le pouvoir de nommer & de bréveter les Juges, les Officiers de Marine, le Juge de l'Amirauté, le Procureur-Général, & tous les autres Officiers civils & militaires; à l'exception de ceux dont la nomination aura été réservée à l'Assemblée générale & au Peuple, par la présente forme de Gouvernement, & par les loix qui feront faites dans la suite. Ils pourront commettre à l'exercice de tout office quel qu'il soit, qui vaquera par mort, résignation, interdiction ou destitution, jusqu'à ce qu'il puisse y être pourvu dans le tems & de la maniere or-

---

Sect. 20. Tout Officier de l'Etat, soit qu'il appartienne au corps législatif ou exécutif pourra être cité par l'Assemblée générale, soit durant l'exercice de son emploi, soit lorsqu'il sera sorti de charge. Ces citations se feront au Tribunal du Président ou du Vice-Président & du Conseil, qui jugera de ces affaires.

E

donnée par la loi, ou par la préfente Conſtitution.

Ils correſpondront avec les autres
Etats, feront toutes les affaires avec
les Officiers du Gouvernement, civils & militaires, & prépareront
celles qu'il leur paroîtra néceſſaire de
préſenter à l'Aſſemblée générale. Ils
ſiégeront comme Juges pour entendre
& juger les accuſations des crimes
d'Etat, & ſe feront aſſiſter dans ces
occaſions par les Juges de la Cour
ſuprême; mais ſeulement pour avoir
leur avis. Ils auront le droit d'accorder grace, & de remettre les amendes
dans tous les cas, de quelque nature
qu'ils ſoient, excepté pour les crimes
d'Etat; & dans le cas de trahiſon &
de meurtre, ils auront droit d'accorder non pas la grace, mais un répit
juſqu'à la fin de la prochaine ſeſſion
de l'Aſſemblée générale. Quant aux
crimes d'Etat, le Corps légiſlatif
aura ſeul & excluſivement le droit de
remettre ou de mitiger la peine.

Le Préſident & Conſeil veilleront
auſſi à ce que les loix ſoient fidélement exécutées; ils ſeront chargés de

l'exécution des mesures qui auront
été prises par l'Assemblée générale,
& ils pourront tirer sur le trésor
pour les sommes dont cette Assemblée aura fait la destination. Ils pourront aussi mettre embargo sur toutes
denrées ou marchandises, & en défendre l'exportation pour un tems
qui n'excède pas trente jours, mais
cela seulement dans les tems de vacances de l'Assemblée générale. Ils
pourront accorder des permissions
dans le cas où la loi aura jugé à propos d'astreindre l'usage de certaines
choses à cette formalité ; & ils auront le pouvoir de convoquer, lorsqu'ils le jugeront nécessaire, l'Assemblée générale pour un terme plus prochain que celui auquel elle se seroit
ajournée. Le Président sera Commandant en chef des troupes de l'Etat ;
mais il ne pourra commander en personne que lorsqu'il y sera autorisé
par le Conseil, & seulement aussi
long-tems que le Conseil l'approuvera.

Le Président & Conseil auront un
Secrétaire, & tiendront un Journal
en regle de tout ce qui se fera en

Confeil, dans lequel chaque Membre pourra inférer fon avis contraire à l'avis qui l'aura emporté, avec fes raifons à l'appui.

Section vingt & unieme.

TOUTES les commiffions feront données *au nom & de l'autorité des Hommes libres de la République de Penfylvanie*; elles feront fcellées avec le Sceau de l'Etat, fignées par le Préfident ou le Vice-Préfident, & certifiées par le Secrétaire. Ce fceau fera gardé par le Confeil.

Section vingt-deuxieme.

TOUT Officier de l'Etat, foit de Juftice, foit d'adminiftration, pourra

---

Sect. 21, Aucun Membre du Confeil ne pourra être Membre de l'Affemblée générale, tant qu'il fera Confeiller d'Etat ; mais en vertu de fon office il fera Juge de Paix dans toute l'étendue de la République.

Sect. 22. Les Juges de la Cour fuprême de Judicature auront des appointemens fixes. Leur commiffion fera pour fept ans feulement , & pourra être renouvellée après ce terme ; cependant l'Affemblée générale pourra les priver de leur office en tout tems. Il ne leur fera pas perm.s

être pourfuivi par l'Affemblée générale, pour malverfation, foit pendant qu'il fera revêtu de fon office,
foit après qu'il l'aura quitté par démiffion, deftitution ou à l'expiration
de fon terme. Toutes ces caufes feront portées devant le Préfident ou
Vice-Préfident & Confeil qui les entendront & les jugeront.

Section vingt-troifieme.

LES Juges de la Cour fuprême de
Juftice auront des appointemens fixes;
leurs commiffions feront pour fept

---

d'avoir féance au Congrès, au Confeil ou
dans l'Affemblée générale, ni d'exercer
aucun autre emploi civil ou militaire, ni
de recevoir des *épices* ou autres émolumens
quelconques.

Sect. 23. La Cour fuprême exercera le
pouvoir de Chancelier en ce qui regarde
l'autorité néceffaire pour obliger les particuliers à remplir leurs engagemens, dé-
couvrir les fraudes, perpétuer les témoignages, recevoir les dépofitions de perfonnes étrangeres à cette Répnblique, &
prendre foin des biens & des perfonnes de
ceux qui ont perdu le fens (*non compos
mentis*) ainfi qu'il y fera pourvu par les
loix.

E iij

ans feulement : au bout de ce terme, ils pourront cependant être inftitués de nouveau; mais ils feront amovibles dans tous les tems pour mauvaife conduite, par l'Affemblée generale. Ils ne pourront pas être élus membres du Congrès continental, du Conseil chargé de la puiffance exécutrice, ni de l'Affemblée générale. Ils ne pourront poffeder aucun autre office civil ou militaire; & il leur eft expreffément défendu de prendre ou recevoir aucuns honoraires ou droits d'aucune efpece.

Section vingt-quatrieme.

LA Cour fuprême, & les différentes Cours de Plaids-Communs de cette République, auront, outre les pouvoirs qui leur font ordinairement attribués, les pouvoirs de Cours de Chancellerie pour tout ce qui aura

---

Sect. 24. Les procès civils & criminels fe décideront par les Jurés, ainfi qu'il s'eft toujours pratiqué ; & l'on recommande au pouvoir légiflatif d'employer l'autorité des loix, pour empêcher que la fubornation ou la partialité n'aient part au choix & à la nomination des Jurés.

rapport à la confervation des témoignages, à l'acquifition des preuves dans des lieux fitués hors de l'Etat, & au foin des perfonnes & des biens de ceux que la loi déclare *incapables de fe gouverner eux - mêmes*; & elles auront tous les autres pouvoirs que les futures Affemblées générales jugeront à propos de leur donner, & qui ne feront point incompatibles avec la préfente Conftitution.

Section vingt-cinquieme.

LES inftructions fe feront comme

Sect. 25. Tous les trois mois on tiendra des Cours criminelles & civiles dans la ville de Philadelphie & dans chaque Comté ; & la légiflation pourra établir telles autres Cours qu'elle jugera utiles ou néceffaires au bien des Habitans de cet Etat. Tous les Tribunaux feront ouverts , & la Juftice s'y adminiftrera fans partialité , fans influence de corruption & fans délais inutiles. Tous les Officiers de ces différentes Cours recevront des appointemens modiques , mais proportionnés à leur fervice ; & s'il arrivoit qu'aucun defdits Officiers reçût directement ou indirectement plus que la loi ne lui accorde , il fera déclaré incapable d'exercer aucun emploi dans cet Etat.

E iv

il a toujours été pratiqué jufqu'à préfent, par Jurés (1), & il eft recom-
mandé au Corps légiflatif de cet Etat,
de pourvoir, par des loix, contre
toute corruption ou partialité dans la
confection de la lifte, dans le choix
ou dans la nomination des Jurés.

_____

(1) La procédure par Jurés tire fon origine de l'ancien droit d'être jugé par fes
Pairs : en Angleterre, il n'y a que les
Francs-Tenanciers qui puiffent être Jurés ; il
en eft de même en Amérique : le Sheriff
fait tous les ans une lifte des *Francs-Tenanciers* du Comté ; & lorfque les Juges ordonnent qu'il foit procédé par un *Juré*, ils choifif-
fent fur la lifte une certaine quantité des perfonnes enregiftrées, & toujours beaucoup
plus qu'il n'en faut pour compofer le Juré.
Dans quelques Provinces, comme dans
celle de Maffachuffett-Bay, c'eft un enfant
qui tire les noms d'une boîte où ils font
enfermés. Les Parties, en matiere civile &
même criminelle, ont, outre les cas de
récufation portés par la loi, le droit d'en
récufer un grand nombre fans articuler aucune raifon. Les Jurés, en matiere civile,
font appellés pour prononcer fur les points
de fait, & même quelquefois fur ceux de
droit ; leur prononciation s'appelle *verdict*
du mot latin *verè dictum*, dit véritable, &
elle eft portée au uge qui décide d'après la
loi. La note fuivante indiquera leurs fonctions en matiere criminelle.

Section vingt-sixieme.

LES Cours de Sessions, de Plaids-
Communs, & les Cours des Orphelins seront tenues tous les trois mois
dans chaque Ville & Comté; & le
Corps législatif aura le pouvoir d'é-
tablir toutes & telles autres Cours
qu'il jugera à propos pour le bien des
habitans de l'Etat. Toutes les Cours
seront ouvertes, & la justice sera ad-
ministrée impartialement sans corruption, & sans autre délai que ceux
indispensablement nécessaires. Tous
leurs Officiers recevront des salaires
proportionnés à leurs services, mais
modiques. Et si quelque Officier pre-
noit directement ou indirectement
d'autres ou plus grands droits que
ceux qui lui sont fixés par la loi,

Sect. 26. Tous les procès criminels feront commencés au nom & par l'autorité
des Hommes libres de la République de
Pensylvanie ; & toutes les accusations de la
même espece seront terminées par ces mots:
« contre la paix & la dignité de ladite Répu-
» blique ». A l'avenir cet Etat, dans toute
action juridique, sera appellé *la République
de Pensylvanie.*

E v

il deviendroit incapable de posséder à jamais aucun office dans cet Etat.

Section vingt-septieme.

TOUTES les poursuites seront commencées *au nom & de l'autorité des Hommes libres de la République de Pensylvanie;* & les plaintes (1) seront

(1) Le mot Anglois *indictement*, qu'on a rendu ici par *plainte*, est effectivement le premier acte de la procédure criminelle. Le Bill d'*indictement* est remis à un *grand Juré*, c'est à-dire, à un Juré composé de quinze personnes au moins, qui met au dos du Bill, *Ignoramus*, s'il ne se trouve pas de fondement à l'accusation, ou *Billa vera*, s'il la trouve fondée ; mais pour répondre de cette derniere maniere & autoriser l'accusation, il faut les voix réunies de douze des Membres du *grand Juré*: dans ce dernier cas, *la plainte est reçue*, & l'accusé est *Indic-*

———

Sect. 27. Un débiteur ne pourra être détenu en prison quand il n'y aura pas lieu de le soupçonner de fraude préméditée, dès qu'il aura assigné à ses créanciers ses biens, meubles & immeubles dans la maniere que la loi le déterminera ci-après ; & tout particulier pourra être élargi sous caution suffisante, à moins qu'il ne soit prévenu de crime capital sur de bonnes preuves ou de forts indices.

terminées par ces mots : *contre la paix & la dignité des Hommes libres de la République de Penfylvanie.* L'intitulé de toutes les procédures dans cet Etat, fera *la République de Penfylvanie.*

Section vingt-huitieme.

TOUTES les fois qu'il n'y aura pas une forte préfomption de fraude, un débiteur ne fera pas retenu en

---

ted. On procede enfuite aux informations par un *petit Juré* compofé de douze perfonnes feulement. Lorfque l'examen de l'affaire eft fini, & que l'accufé a été entendu par lui & par fes confeils , le *petit Juré* prononce *Guilty , il eft coupable* ; ou *non Guilty , il eft point coupable* ; mais la premiere prononciation ne peut avoir lieu que par le fuffrage unanime des douze Jurés : le Juge enfuite ouvre la loi , & prononce la peine que la loi prefcrit.

Sect. 28. On n'exigera pas de cautions exorbitantes dans les affaires où la Partie accufée pourra être cautionnée : les amendes infligées feront modérées & ne pourront jamais s'étendre à la faifie des habitations , hardes , lits & uftenfiles néceffaires à la profeffion ou commerce du particulier pourfuivi.

prifon, lorfqu'il aura fait de bonne
foi ceffion à fes créanciers de tous
fes biens réels & perfonnels, de la
maniere qui fera dans la fuite réglée
par les loix. Tous prifonniers feront
élargis en donnant des cautions fuffifantes; excepté pour les crimes capitaux, quand il y aura des preuves
évidentes ou de très-fortes préfomp-
tions.

Section vingt-neuvieme.

ON n'exigera point de cautionne-

Sect. 29. Les Juges de Paix feront choifis
par les Hommes libres de la ville & des
différens Comtés, c'eft-à-dire, que deux
perfonnes feront élues dans chaque quartier, ville ou diftrict, ainfi qu'il y fera
pourvu par la loi. Les noms de ces deux
perfonnes feront préfentés au Préfident & au
Confeil, qui donnera à l'une d'elles une
commiffion pour fept ans, toujours fujette
à être révoquée par la Chambre des Repréfentans pour caufe de malverfation : ladite
commiffion pourra être renouvellée à l'expiration des fept ans. Un Juge de paix ne
pourra être Membre de l'Affemblée générale, qu'au préalable il n'ait donné fa démiffion. Il ne lui fera pas permis, dans
l'exercice de fon emploi, de recevoir aucune rétribution ni aucun autre falaire ou

mens excessifs dans le cas où la caution sera admise, & toutes les amendes seront modiques.

Section trentieme.

Il sera élu des Juges de Paix par les Francs-Tenanciers de chaque ville & Comté respectivement ; c'est-à-dire, il sera choisi deux ou plusieurs personnes pour chaque quartier, banlieue ou district, de la maniere que la loi l'ordonnera dans la suite ;

émolument que ceux qui pourront dans la suite être accordés par la loi, comme une compensation des dépenses que pourront occasionner les voyages qu'il sera obligé de faire pour suivre les Cours de Judicature.

Sect. 30. Les Sheriffs & les Coroners, (*Officiers chargés de la commission qui revient à la descente de Juges*) seront choisis annuellement par les Hommes libres de chaque Comté ; c'est-à-dire, que l'on présentera deux personnes pour chacun de ces emplois, une desquelles sera agréée par le Président & le Conseil. Personne ne pourra exercer l'Office de Sheriff pendant plus de trois ans consécutifs, & ne pourra être élu de nouveau que quatre ans après ledit terme.

& les noms de ces personnes feront
préfentés, en Confeil, au Préfident
qui donnera des commiffions à une
ou plufieurs, pour le quartier, la
banlieue ou le diftrict qui les aura
préfentées. Ces commiffions feront
pour fept ans, & les pourvus feront
amovibles pour mauvaife conduite
par l'Affemblée générale. Mais fi quelques villes ou comté, quartier, banlieue ou diftrict dans cette République, vouloit dans la fuite changer
quelque chofe à la maniere établie
dans cet article de nommer fes Juges
de Paix, l'Affemblée générale pourra
faire des loix pour la régler d'après
le defir & la demande d'une majorité
des Francs - Tenanciers de la ville,
comté, quartier, banlieue ou diftrict.
Aucun Juge de Paix ne pourra devenir Membre de l'Affemblée générale,
à moins de fe démettre de cet office;
& il ne lui fera permis de prendre aucuns droits, falaires ou honoraires
quelconques, que ceux qui feront
fixés par le futur Corps légiflatif.

Section trente & unieme.

LES *Sheriffs* & les *Coroners* (1)
feront élus annuellement dans chaque
ville & comté par les Hommes libres ;
favoir, deux perfonnes pour chaeun

(1) Le *Coroner* eft un Juge inférieur qui
fait les premieres informations dans les cas
de meurtre ou de cadavres trouvés ; il
connoît aufli en Angleterre des naufrages
& des tréfors trouvés ; mais ces droits barbares n'exiftant pas en Amérique, fon
Office eft reftreint au premier article, il
fupplée aufli le Sheriff dans toutes fes
fonctions, foit en cas d'abfence, foit en
cas de récufation.

Sect. 31. Toutes les élections faites par
le Peuple ou par l'Affemblée générale le
feront par la voie des fuffrages libres &
volontaires. Si aucun des électeurs reçoit
pour fa voix quelque préfent ou récompenfe en vivres, boiffon, argent ou autre
nature quelconque, il fera déchu pour ce
tems-là de fon droit, & fubira telle peine
que la loi prononcera ci-après ; & toute
perfonne qui donnera, promettra ou accordera directement ou indirectement aucune
efpece de récompenfe, pour être élue, fera
déclarée incapable, par cet acte même, de
fervir pendant l'année fuivante dans l'emploi auquel elle aura été nommée.

de ces offices, à l'une defquelles fe Préfident en Confeil donnera la commiffion de l'office pour lequel elle aura été préfentée. Aucune perfonne ne pourra être continuée plus de trois années confécutives dans l'office de Sheriff, & ne pourra être réélue qu'après une interruption de quatre ans. L'élection des Sheriffs & Coroners fe fera dans le tems & au lieu fixés pour l'élection des Repréfentans. Et les Commiffaires, Affeffeurs & autres Officiers choifis par le Peuple, feront auffi élus de la maniere & dans les lieux ufités jufqu'à préfent, à moins que le futur Corps légiflatif de cet Etat ne juge à propos d'y apporter des changemens & d'en ordonner autrement.

Section trente-deuxieme.

TOUTES les élections, foit par le Peuple, foit par l'Affemblée générale,

---

Sect. 32. Chaque électeur avant de donner fa voix à la premiere élection générale des Repréfentans, ou fi cela paroît convenable à aucune élection générale qui pourra avoir lieu dans la fuite, prêtera le ferment ou

se feront au scrutin, & seront libres & volontaires. Tout électeur qui recevroit quelque présent ou récompense pour son suffrage, soit en argent, soit en commestibles, en liqueurs, ou de quelqu'autre maniere que ce soit, perdra son droit d'élire pour cette fois, & subira telle autre peine que les loix futures ordonneront. Et toute personne qui, pour être élue, promettroit & donneroit quelque récompense directement ou indirectement, sera, par cela même, rendue incapable d'être employée l'année suivante.

Section trente-troisieme.

Tous honoraires, permissions à

———————————————————

fera l'affirmation suivante, à moins qu'il ne prouve par le certificat d'un Juge de Paix qu'il a prêté précédemment ledit serment.

« Je N. jure (ou affirme) que j'observerai l'allégeance due à la République de Pensylvanie, que j'en préserverai la liberté de mon mieux, & que, suivant la portée de mes lumieres, je ne donnerai ma voix qu'en faveur de personnes que je croirai fidelles, douées de connoissance, dignes & capables de répondre à la confiance publique ».

Sect. 33. Tous les droits, amendes, con-

prix d'argent, amendes & confiscations qui, jufqu'à préfent, étoient
accordés ou payés au Gouverneur ou
à fes Députés, pour les frais du Gouvernement, feront dorénavant payés
au tréfor public, à moins que le futur
Corps légiflatif ne les aboliffe ou n'y
faffe quelque changement.

Section trente-quatrieme.

Il fera établi dans chaque ville &
comté un office pour la vérification
des teftamens & pour accorder des
Lettres d'adminiftration (1), & un

(1) Les *Lettres d'adminiftration* tirent leur
origine du droit qu'avoient autrefois les
Rois d'Angleterre, droit tranfmis depuis
par eux aux Evêques, de s'emparer des
fucceffions *ab inteftat*, & de difpofer des
biens ainfi dévolus ; le fond du droit n'exifte
plus, mais la forme des *Lettres d'adminif-*

fifcations, & tous les autres émolumens
accordés ci-devant au Propriétaire & Gouverneur ou à fes Députés pour le foutien
du Gouvernement, feront dorénavant ver-
fés dans le tréfor public, à moins qu'ils ne
foient changés ou entierement abolis à
l'avenir par la légiflation.

Sect. 34. Chaque Comté aura un Greffe
où l'on dépofera la minute des teftamens,

autre pour le dépôt des actes. Les Officiers feront nommés par l'Assemblée générale, amovibles à fa volonté, & recevront leurs commiffions du Préfident en Confeil.

Section trente-cinquieme.

LA preffe fera libre pour toutes les perfonnes qui voudront examiner les

tration eft reftée néceffaire pour autorifer les héritiers à fe mettre en poffeffion, & les obliger au paiement des dettes, &c. On donne auffi des *Lettres d'adminiftration*, quoiqu'il exifte un teftament, s'il y a des mineurs. L'Office créé par cet article, remplira en Penfylvanie toutes ces fonctions.

& où on accordera la permiffion de les exécuter, ainfi qu'un Bureau pour la refcifion des actes. Les Officiers de cette partie feront nommés par l'Affemblée générale, & feront amovibles à fon gré ; leurs commiffions feront expédiées par le Préfident & le Confeil.

Sect. 35. La liberté de la preffe fera ouverte à tous ceux qui entreprendront l'examen de l'adminiftration légiflative ; & l'Affemblée générale ne pourra y donner atteinte par aucun acte. Aucun Imprimeur ne fera répréhenfible pour avoir publié des remarques, cenfures ou obfervations fur actes du Corps législatif, ou telle autre branche du Gouvernement que ce soit.

Section trente-sixieme.

COMME, pour conserver son indépendance, tout homme libre (s'il

---

les procédés de l'Assemblée générale, sur aucune partie du Gouvernement, sur aucune affaire publique, ou sur la conduite d'aucun Officier, en tant qu'elles ne regarderont que l'exercice de ses fonctions; pourvu que cette liberté ne s'étende pas jusqu'à donner des instructions à un ennemi en guerre avec nous, sur notre force, foiblesse, dispositions, ou d'autres lumières qui en éclairant l'ennemi pourroient perdre l'Etat.

Sect. 36. Comme chaque Homme libre, à moins qu'il n'ait un revenu suffisant, doit, pour se conserver dans l'indépendance, embrasser une profession, métier ou commerce quelconque, pour l'aider à subsister honnêtement; il ne paroît point du tout nécessaire ni même utile de créer des emplois lucratifs, dont l'effet est ordinairement d'établir une servilité indigne de l'Homme libre, & de faire naître parmi les prétendans la jalousie, l'animosité, la discorde, la subornation & le désordre. Si un particulier est employé au service public au préjudice de ses propres affaires, il est juste

n'a pas un bien suffisant) doit avoir quelque profession, ou quelque métier, faire quelque commerce, ou tenir quelque ferme qui puisse le faire subsister honnêtement, il ne peut y avoir ni nécessité, ni utilité d'établir des emplois lucratifs, dont les effets ordinaires sont, dans ceux qui les possedent, ou qui y aspirent, une dépendance & une servitude indignes d'Hommes libres, & dans le Peuple des querelles, des factions, la corruption & le désordre. Mais si un homme est appellé au service du Public, au préjudice de ses propres affaires, il a droit à un dédommagement raisonnable. Toutes les fois que, par l'augmentation de ses émolumens, ou par quelqu'autre cause, un emploi deviendra assez lucratif pour émouvoir le desir & attirer la demande de plusieurs personnes, le Corps législatif aura soin d'en diminuer les profits.

___

qu'il reçoive une compensation ; mais si cet emploi devient assez considérable pour mériter d'être brigué, les profits qui y sont attachés seront réduits ou diminués par le pouvoir législatif.

Section trente-septieme.

LE futur Corps légiflatif de cet Etat réglèra les fubftitutions de manière à en empêcher la perpétuité.

Section trente-huitieme.

LES Loix pénales fuivies jufqu'à préfent, feront réformées le plutôt poffible par le futur Corps légiflatif de cet Etat ; les punitions feront dans quelques cas rendues moins fanguinaires, & en général plus proportionnées aux crimes.

Sect. 37. La légiflation de cet Etat pourvoira à ce que l'exercice des Offices publics ne fourniffe point de profits cafuels.

Sect. 38. Les loix pénales feront réformées par la légiflation le plutôt poffible : on tâchera de les rendre moins fanguinaires dans de certains cas, & mieux proportionnées à la nature de certains crimes : en attendant, les loix aftuelles feront mifes en exécution dans toute leur étendue, excepté celles qui tendent à établir l'allégeance due au Roi de la Grande-Bretagne, ou l'autorité des Propriétaires (la famille de Penn, ou du ci-devant Gouverneur de cet Etat) : on en excepte auffi tout ce qui pourroit répugner ou être contradictoire à la préfente conftitution.

Section trente-neuvieme.

POUR détourner plus efficacement
de commettre des crimes par la vue
des châtimens continus, de longue
durée, & foumis à tous les yeux; &
pour rendre moins néceffaires les
châtimens fanguinaires, il fera établi
des maifons de force, où les coupables convaincus de crimes non capitaux feront punis par des travaux
rudes; ils feront employés à travailler aux ouvrages publics, ou pour
réparer le tort qu'ils auront fait à des
particuliers. Toutes perfonnes auront, à de certaines heures convenables, la permiffion d'y entrer pour
voir les prifonniers au travail.

Section quarantieme.

TOUT Officier, foit de juftice, foit

Sect. 39. On fera bâtir des maifons de
force pour punir par un travail pénible ceux
qui feront coupables de crimes qui ne vont
pas jufqu'à mériter la mort; là les criminels feront employés pour l'avantage public, ou pour réparer le tort fait à des particuliers.

Sect. 40. Aucun Particulier ni aucune

d'administration, soit de guerre, exerçant quelque branche d'autorité sous cette République, fera le serment ou affirmation de fidélité qui suit, & aussi le serment général des Officiers, avant d'entrer en fonction.

Serment ou affirmation de fidélité.

« Je — jure (ou affirme) que je serai sincerement attaché & fidele à la République de Pensylvanie, & que ni directement, ni indirectement, je ne ferai aucun acte ni aucune chose préjudiciable ou nuisible à la Constitution ni au Gouvernement, tels qu'ils ont été établis par la Commission extraordinaire ».

Serment ou affirmation des Officiers,

« Je — jure (ou affirme) que je

Communauté, de quelque dénomination ou profession que ce puisse être, n'a droit, à raison d'aucun privilege, de prétendre à une exemption des peines légales : ainsi les mots *sans bénéfice du Clergé*, usités quand la peine est capitale, seront supprimés dorénavant, & les criminels subiront indistinctement les peines auxquelles la loi les condamne.

remplirai

remplirai fidelement l'Office de —
pour le — de — que je ferai droit
impartialement, & que je rendrai
juſtice exacte à tout le monde, auſſi-
bien que mon jugement & mes lumieres me le ſuggéreront, ſuivant la
loi ».

Section quarante-unieme.

Il ne ſera impoſé ſur le Peuple de
cet Etat, & ne ſera payé par lui aucunes taxes, douane ou contribution
quelconques, qu'en vertu d'une loi
à cet effet. Et avant qu'il ſoit fait de
loi pour ordonner quelque levée, il
faut qu'il apparoiſſe clairement au
Corps légiſlatif, que l'objet pour
lequel on impoſera la taxe, ſera plus
utile à l'Etat que ne le feroit l'argent
de la taxe à chaque particulier ſi elle
n'étoit pas levée. Cette regle toujours
bien obſervée, jamais les taxes ne de-
viendront un fardeau.

Sect. 41. Tout Officier, indépendam-
ment du ſerment ou affirmation relative à
ſon Office, jurera auſſi de faire tous ſes
efforts pour la défenſe & la préſervation de
cette forme de Gouvernement.

F

Section quarante-deuxieme.

TOUT étranger, de bonnes mœurs, qui viendra s'établir dans cet Etat, aussi-tôt qu'il aura fait le serment ou affirmation de fidélité à l'Etat, pourra acheter ou acquérir par toutes autres voies justes, posséder & transmettre tous biens en terres ou autres biens réels; & après une année de résidence, il en sera réputé véritable & libre citoyen, & participera à tous les droits des sujets naturels & natifs de cet Etat, excepté qu'il ne pourra être élu Représentant qu'après une résidence de deux ans.

Section quarante-troisieme.

LES Habitans de cet Etat auront la

Sect. 42. On ne levera aucune taxe en argent ou marchandises sur les Habitans de cet Etat, sous prétexte d'impôts, droits de douane, &c. à moins qu'il n'y ait à cet effet une loi expresse; & pareille loi ne doit avoir lieu que lorsqu'il paroîtra clairement que l'objet pour lequel on établira cette taxe sera plus utile à la communauté, que cet argent ne le seroit si on n'en faisoit pas la levée: en observant cette maxime, jamais taxe ne peut être à charge.

Sect. 43. Tout étranger de bonnes mœurs

liberté de chaffer à toutes efpeces
d'animaux, dans les faifons convenables, fur les terres qu'ils pofféderont
& fur toutes autres terres qui ne feront point enclofes ; il leur fera permis auffi de pêcher dans toutes les
rivieres navigables, ou autres eaux
qui ne feront pas la propriété particuliere de quelqu'un.

Section quarante-quatrieme.

Il fera établi par le Corps légiflatif

qui viendra s'établir dans cet Etat, ayant
prêté le ferment ou fait l'affirmation de
fidélité à la République, pourra acheter,
ou par d'autres moyens équitables, acquérir & poffèder des terres ou autres biens-
fonds : une année de réfidence lui donnera
le droit de bourgeoifie & le privilege
d'homme libre de cet Etat ; il ne pourra
cependant être choifi comme Membre de
l'Affemblée des Repréfentans qu'au bout de
deux ans de réfidence.

Sect. 44. Les Habitans de cet Etat auront,
dans la faifon convenable, la liberté de la
chaffe, tant fur leurs propres terres que
fur toutes celles qui ne font point enceintes
de murs ; ils pourront auffi pêcher dans
toutes les rivieres navigables qui n'appar-
tiennent point en propre à des particuliers.

une ou plusieurs écoles dans chaque
Comté, pour que les jeunes gens
puissent y être convenablement &
commodément instruits, & il sera
fixé aux Maîtres sur les fonds publics
des salaires qui les mettent en état de
donner l'éducation à bas prix ; &
toutes les connoissances utiles seront
duement encouragées & perfection-
nées dans une ou plusieurs Universités.

Section quarante-cinquieme.

IL sera fait des Loix pour l'encou-
ragement de la vertu, & pour pré-
vénir les vices & la dépravation des
mœurs : ces Loix seront constamment
maintenues en vigueur, & l'on prendra toutes les précautions nécessaires
pour qu'elles soient ponctuellement

Sect. 45. La législation établira un ou
plusieurs colleges dans chaque Comté pour
l'instruction de la jeunesse ; & les maîtres
auront des appointemens qui leur seront
payés sur le trésor public, afin qu'ils puissent enseigner à un prix modique. Toutes
les branches des connoissances utiles seront
accueillies & encouragées dans une ou plusieurs Universités.

DE PENSYLVANIE. 125

exécutées. Toutes les Sociétés Reli-
gieuses ou Corps qui se font jusqu'à
préfent formés & réunis pour l'avan-
cement de la Religion & des connoif-
fances, ou pour d'autres objets pieux
& charitables, feront encouragés &
confervés dans la jouiffance des privileges, immunités & biens dont ils
jouiffoient, ou dont ils avoient droit
de jouir fous les Loix & l'ancienne
Conftitution de cet Etat.

Section quarante-fixieme.

IL eft déclaré, par le préfent article, que *la déclaration expofitive des
droits* ci-deffus, fait partie de la *Conftitution* de cette République, & ne
doit jamais être violée fous aucun
prétexte que ce foit.

Section quarante-feptieme.

AFIN que la liberté de cette Ré-

Sect. 46. On fera des loix propres à exciter
à la vertu, à prévenir le vice & tout ce qui
eft contraire aux mœurs ; ces loix feront
maintenues dans toute leur vigueur, &
l'on pourvoira à ce qu'elles foient ftricte-
ment exécutées.

Sect. 47. Aucun article de la déclaration

F iij

publique puiſſe être à jamais inviolablement conſervée, le ſecond mardi

---

des droits de cet Etat ne pourra être violé,
ſous quelque prétexte que ce puiſſe être.

Sect. 48. Afin que la liberté de la République puiſſe ſe conſerver intacte pour toujours, on choiſira par la voie des ſuffrages
le premier Lundi d'Octobre 1783, & enſuite
tous les ſept ans, deux perſonnes dans la
ville de Philadelphie & deux dans chaque
Comté, qui formeront enſemble un Conſeil de Cenſeurs, & s'aſſembleront le ſecond Lundi du mois de Novembbre poſté-
rieur à leur élection : lorſque ces Cenſeurs
excéderont la moitié de leur nombre dans
une aſſemblée, leur autorité ſera légale;
l'objet de cette autorité ſera d'examiner ſi
la préſente Conſtitution a eu ſon plein &
entier effet, ſi les perſonnes chargées du
pouvoir légiſlatif & exécutif ont rempli les
devoirs de protecteurs du Peuple, ſi elles
ſe ſont arrogé & ſi elles ont exercé un
pouvoir plus étendu que la préſente Conſtitution ne le leur accorde. Il ſera auſſi du devoir dés Cenſeurs de s'informer ſi les taxes
ont été juſtes dans leur répartition, & ſi
chaque individu qui forme la communauté
y à contribué en proportion égale. Ils demanderont compte de l'emploi du revenu
public, & examineront ſi les loix ont été
bien exécutées.

A ces fins, ils pourront citer les per-

d'Octobre dans l'année mil sept cent
quatre-vingt-trois, & le second mardi
d'Octobre dans chaque septieme année après celle-là, il sera choisi par
les Hommes libres dans chaque Ville

fonnes, examiner les papiers & regiſtres,
cenſurer publiquement, dénoncer les coupables, & propoſer l'abolition des loix dont
l'exécution leur paroîtroit incompatible
avec les principes de la Conſtitution. Ils
continueront l'exercice de cette autorité
pendant un an ſeulement, à compter du
jour auquel ils auront été choiſis ; le Conſeil des Cenſeurs pourra convoquer une
aſſemblée ou convention pour être tenue
deux ans après le tems limité pour l'exercice
de leur charge, dans le cas où ils verroient
une néceſſité indiſpenſable de changer aucun
des articles de cette Conſtitution qui pourroient être défectueux, d'expliquer ceux
qui ne paroîtront pas clairs, & d'y ajouter
ce qui pourroit être de néceſſité premiere
pour aſſurer les droits & le bonheur du Peuple. Afin que le Peuple puiſſe examiner &
donner des inſtructions en conſéquence à
ſes Députés, au moins ſix mois avant le
tems fixé pour l'aſſemblée de ladite convention, on aura ſoin de rendre publics les
articles à changer & les changemens qu'il y
faudra faire, ainſi que ceux que l'on croira
manquer ou être ſuperflus.

F iv

& Comté de cet Etat refpectivement, deux perfonnes pour chaque Ville ou Comté. Ces différens Membres formeront un Corps appellé le Confeil des Cenfeurs, qui s'affemblera le fecond lundi du mois de Novembre qui fuivra leur élection. La majorité des Membres de ce Confeil formera, dans tous les cas, un nombre fuffifant pour décider; excepté s'il étoit quef-tion de convoquer une Commiffion extraordinaire, pour ce cas feule-ment il faudra que les deux tiers de la totalité des Membres élus y con-fentent. Le devoir de ce Confeil fera d'examiner fi la Conftitution a été confervée dans toutes fes parties fans la moindre atteinte, & fi les Corps chargés de la puiffance légiflative & exécutrice ont rempli leurs fonctions comme gardiens du Peuple, ou s'ils fe font arrogé & s'ils ont exercé d'autres ou plus grands droits que ceux qui leur font donnés par la Conftitution. Ils devront auffi exa-miner fi les taxes publiques ont été impofées & levées juftement dans toutes les parties de la République;

quel a été l'emploi des fonds publics, & si les Loix ont été bien & duement exécutées.

Pour remplir ce but, ils auront le pouvoir de faire comparoître toutes les personnes, & de se faire représenter tous les papiers & registres qui seront nécessaires : ils auront l'autorité de faire des censures publiques, d'ordonner la poursuite des crimes d'Etat, & de recommander au Corps légiflatif l'abrogation des loix qui leur paroîtront avoir été faites dans des principes opposés à la Conftitution. Ils auront ces pouvoirs pendant une année entiere, à compter du jour de leur élection, mais pas au-delà.

Le Confeil des Cenfeurs aura auffi le pouvoir de convoquer une Commiffion extraordinaire qui devra s'affembler dans les deux années qui fuivront la feffion dudit Confeil, s'il leur a paru qu'il y ait une néceffité abfolue de corriger quelque article défectueux de la Conftitution, d'en expliquer quelqu'un qui ne feroit pas clairement exprimé, ou d'en ajouter qui fuffent néceffaires à la confervation des droits & du bonheur du

F v

Peuple. Mais les articles qu'on proposera de corriger, & les corrections proposées, ainsi que les articles à ajouter ou ceux à abroger, feront authentiquement publiés au moins six mois avant le jour fixé pour l'élection de la Commiffion extraordinaire, afin que le Peuple ait le loifir de les examiner, & de donner fur ces objets des inftructions à fes Délégués.

A Philadelphie, le 28 Septembre 1776.

Il a été ordonné par la Commiffion extraordinaire, que la préfente Conftitution feroit fignée par le Docteur Benjamin *Franklin*, qu'elle s'étoit choifi pour Préfident; par le fieur Jean *Morris*, Secrétaire; & par tous les Membres actuels de la Commiffion, préfens à cette derniere féance, à la fin de laquelle elle s'eft diffoute.

CONSTITUTION

DU NOUVEAU-JERSEY.

COMME toute l'autorité constitu-
tionnelle que les Rois de la Grande-
Bretagne ont jamais possédée sur les
Colonies, ou sur les autres Domaines,
étoit émanée du Peuple & tenue de
lui, en vertu d'un contrat pour l'avantage commun de la Société entiere ; il
s'ensuit que l'obéissance d'un côté, &
la protection de l'autre, font deux obligations réciproques, également dé-
pendantes l'une de l'autre, ensorte que
le lien de l'une est rompu, par cela seul
que l'autre est refusée ou retirée.

Et puisque Georges III, Roi de la
Grande-Bretagne, a retiré sa protection aux bons Peuples de ces Colonies, & que par son consentement
à plusieurs actes du Parlement Britannique, il a entrepris de les assujettir
à la domination absolue de ce Corps ;
qu'il leur a même fait la guerre la plus
cruelle & la plus dénaturée, sans autre
cause que leur fermeté à soutenir

F vj

leurs juftes droits, toute obligation d'obéiffance & de fidélité a donc neceffairement ceffé, & la diffolution du Gouvernement s'en eft enfuivie dans chacune des Colonies.

Et comme dans la fituation déplorable où font actuellement ces Colonies, expofées à la fureur d'un ennemi cruel & inéxorable, il eft abfolument néceffaire qu'il y ait une forme de Gouvernement, non-feulement pour le maintien du bon ordre, mais encore pour unir plus efficacement le Peuple, & le mettre en état d'employer toutes fes forces à fa propre défenfe indifpenfable ; *l'Honorable Congrès Continental*, Confeil Suprême des Colonies Américaines, ayant averti celles de ces Colonies qui ne s'étoient pas encore mifes en mefure, qu'il étoit tems que chacune refpectivement fe choifît & adoptât la forme de Gouvernement qui lui paroîtroit la plus propre à faire fon bonheur & fa sûreté particuliere, & à affurer le bien-être de l'Amérique en général.

Nous, les Repréfentans de la Colonie du Nouveau-Jerfey, élus de la maniere la plus libre par les Comtés affemblés en Congrès, Nous avons, après mûre délibération, arrêté une *Déclaration de Droits, en forme de Charte, & la forme de Gouvernement* telle qu'elle eft expofée dans tous les articles fuivans.

Section premiere.

LE Gouvernement de cette Province réfidera dans un Gouverneur, un Confeil légiflatif, & une Affemblée générale.

Section feconde.

LESDITS Confeil légiflatif & Affemblée générale feront choifis, pour la premiere fois, le fecond mardi du mois d'Août prochain : leurs Membres feront au nombre & auront les qualités mentionnées ci-après ; & ils feront & demeureront revêtus de tous les pouvoirs & de toute l'autorité qui doivent déformais appartenir au Confeil légiflatif & à l'Affemblée générale de cette Colonie, jufqu'au fecond mardi d'Octobre, de l'année de Notre-Seigneur, mil fept cent foixante & dix-fept.

Section troisieme.

LE second mardi d'Octobre annuellement, & ainsi chaque année à
perpétuité (avec faculté de s'ajourner
d'un jour à l'autre s'il en est besoin)
les différens Comtés choisiront chacun pour soi, une personne pour être
Membre du Conseil législatif de cette
Colonie : il faudra que le Sujet élu
soit & ait été Habitant & Franc-
Tenancier dans le Comté pour lequel il sera choisi, pendant l'année
entiere qui précédera immédiatement
l'élection, & qu'il soit riche au moins
de mille livres, argent de proclamation (1), en biens réels & personnels dans le même Comté. Chaque Comté élira aussi en même tems
trois Membres pour l'Assemblée ; &
personne ne pourra obtenir le droit
de siéger dans ladite Assemblée, à

---

(1) Une Proclamation donnée sous le
regne de la Reine Anne, en l'année 1709,
a fixé le taux de l'argent des Colonies à
trente-trois un tiers pour cent plus haut
que celui de la Grande-Bretagne, ainsi cent
livres sterling d'Angleterre, valent en Amérique cent trente-trois livres & un tiers.

moins d'être & d'avoir été pendant
l'année entiere qui précédera immédiatement l'élection, Habitant dans le
Comté qu'il doit repréfenter, & à
moins de poffeder dans ce même
Comté des biens réels & perfonnels
de la valeur au moins de cinq cens
livres argent de proclamation.

Le fecond mardi d'après le jour
de l'élection, le Confeil & l'Affemblée générale s'affembleront féparé-
ment; & le confentement des deux
Chambres fera néceffaire pour toutes
les loix. La préfence de fept Membres
fuffira pour mettre le Confeil en activité; & aucune loi ne paffera dans
les deux Corps qu'à la pluralité des
fuffrages des Membres actuellement
préfens & confentans.

Si dans la fuite une majorité des
Repréfentans de cette Province, dans
le Confeil & dans l'Affemblée générale réunis, jugent équitable & convenable d'augmenter ou de diminuer
le nombre, ou de changer pour un
ou plufieurs Comtés de cette Colonie
la proportion des Membres de l'Affemblée générale, ces changemens
tendant à rétablir plus d'égalité dans

la repréſentation, pourront être faits légitimement, nonobſtant ce qu'il peut y avoir de contraire dans la préſente chartre, pourvu cependant que le nombre total des Repréſentans dans l'Aſſemblée générale ne ſoit jamais moindre que de trente-neuf.

Section quatrieme.

Tous les Habitans de cette Colonie, d'un âge compétent, qui y poſſéderont cinquante livres, argent de proclamation, de bien clair, & qui auront réſidé dans le Comté, où ils prétendront droit de ſuffrage, pendant les douze mois qui auront immédiatement précédé l'élection, auront le droit de voter pour l'élection des Repréſentans dans le Conſeil & dans l'Aſſemblée générale, ainſi que de tous les autres Officiers publics qui ſeront élus par la totalité du Peuple du Comté.

Section cinquieme.

L'Assemblée générale, en commençant ſes ſéances, aura le pouvoir de choiſir ſon Orateur & ſes autres Officiers, de juger des qualités & de la validité des élections de ses Membres, de régler ses séances par ses propres ajournemens, de préparer les Bills qui doivent passer en Loix, & d'autoriser son Orateur à la convoquer toutes les fois que quelque circonstance extraordinaire l'exigera.

Section sixieme.

Le Conseil aura aussi le pouvoir de préparer les Bills qui devront passer en Loix : il aura tous les mêmes droits & pouvoirs que l'Assemblée générale, & sera à tous égards une branche libre & indépendante de la législation de cette Colonie, excepté cependant qu'il ne pourra ni préparer les Bills d'imposition, ni même y rien changer, ce droit devant appartenir privativement & par privilege à l'Assemblée générale.

Le Conseil sera convoqué de tems en tems par le Gouverneur ou par le Vice - Président, mais il devra l'être toutes les fois que l'Assemblée générale siégera ; & en conséquence l'Orateur de la chambre de l'Assemblée, aussi-tôt après ses ajournemens, donnera avis au Gouverneur ou au

Vice-Préfident du tems & du lieu
auxquels fa Chambre fe fera ajournée,

Section feptieme.

LE Confeil & l'Affemblée à leur
premiére féance, après quelqu'élection annuelle, éliront, à la pluralité
des voix, une perfonne fur toute la
Colonie, pour être Gouverneur pendant un an; le Gouverneur fera toujours Préfident du Confeil, & aura
la voix prépondérante dans fes délibérations. Le Confeil tout feul choifira enfuite parmi fes Membres un
Vice-Préfident, qui agira comme tel
dans l'abfence du Gouverneur.

Section huitieme.

LE Gouverneur, (& en fon abfence le Vice-Préfident du Confeil,
le fuppléera dans toutes fes fonctions,) aura la Puiffance exécutrice,
fera le Chancelier (1) de la Colonie,

---

(1) C'eft-à-dire, qu'il tiendra *la Cour
d'Equité*, comme la tient le Chancelier de
la Grande-Bretagne. Cette Cour connoît
de certaines affaires qui, par leur nature,
femblent exiger du Juge une plus grande

& le Général ordinaire & subrogé (1) :
il sera aussi Général & Commandant
en chef de l'armée ; trois ou un plus
grand nombre des Membres du Conseil formeront un Conseil privé que
le Gouverneur consultera dans tous
les tems.

Section neuvieme.

Le Gouverneur & le Conseil,
dont sept Membres feront un nombre
suffisant pour lui donner l'activité,
feront, comme ils l'ont été jusqu'à
présent, la *Cour d'appel* en dernier
ressort dans tous les procès ; & ils
auront le droit de faire grace aux
Criminels, après la condamnation,

---

sagacité ; la procédure y est différente de
celle observée dans les autres Cours, &,
outre les Loix qui servent de base à ses décisions, elle se regle aussi sur une Juris-
prudence formée par la suite des décisions
antérieures. *La Cour d'Équité* ne connoît
que d'affaires civiles.

(1) Ce titre, dont la traduction ne peut
pas présenter une idée nette, signifie que le
Président aura le pouvoir de donner des
Lettres d'administration. *Voyez* la note de
la Constitution de Pensylvanie, page 114.

pour tous les cas de trahiſon, de félonie ou autres crimes.

Section dixieme.

LES Capitaines & tous les autres Officiers de grade inférieur dans la Milice, feront choiſis par les Compagnies dans leurs Comtés reſpectifs; mais les Officiers généraux ou les Etats Majors feront nommés par le Conſeil & l'Aſſemblée.

Section onzieme.

LE Conſeil & l'Aſſemblée auront le pouvoir d'ordonner le grand Sceau de cette Colonie, lequel ſera ſous la garde du Gouverneur, & en ſon abſence du Vice-Préſident du Conſeil, pour en être uſé par eux quand il en ſera beſoin; & ce Sceau s'appellera le *grand Sceau de la Colonie du Nouveau-Jerſey.*

Section douzieme.

LES Juges de la Cour ſuprême de Juſtice garderont leurs Offices pendant ſept ans. Les Juges de la Cour des Plaids-Communs, dans les différens Comtés, les Juges de Paix, les Clercs de la Cour suprême, les Clercs des Cours inférieures, (des Plaids-Communs & Seffions de Trimeftre,) le Procureur Général & le Secrétaire Provincial ne garderont les leurs que cinq ans ; & le Tréforier Provincial ne fera qu'un an en place. Tous ces Officiers feront nommés, chacun en particulier, par le Confeil & par l'Affemblée dans la maniere expofée ci-deffus, & recevront leurs Commiffions du Gouverneur, ou, en fon abfence, du Vice-Préfident du Confeil. Bien entendu que chacun defdits Officiers en particulier pourra être nommé de nouveau à l'expiration de chaque terme refpectivement fixé, & que chacun defdits Officiers pourra être deftitué lorfqu'il fera jugé coupable de mauvaife conduite par le Confeil, fur une accufation intentée par l'Affemblée.

Section treizieme.

LES Habitans de chaque Comté, ayant droit de fuffrage en vertu des conditions expofées ci-deffus, éliront chaque année dans les lieux & dans les tems marqués pour l'élection des

Représentans, un Sheriff, & un ou plusieurs Coroners; & ils pourront réélir la même personne pour chacun de ces Offices, jusqu'à ce qu'elle les ait remplis pendant trois ans, mais jamais plus long-tems; après quoi il faudra qu'il se passe un intervalle de trois années avant que la même personne puisse être réélue. Lorsque l'élection aura été notifiée au Gouverneur & au Vice-Président, par le Ministere de six Francs-Tenanciers du Comté pour lequel elle aura été faite, les Officiers élus recevront immédiatement leurs Commissions pour entrer en exercice de leurs Offices respectifs.

Section quatorzieme.

LES Districts des Villes se choisiront respectivement des Connétables dans leurs Assemblées annuelles de Ville pour l'élection des autres Officiers; ils choisiront en outre trois Francs-Tenanciers, ou même un plus grand nombre, gens capables & de bonne réputation, pour recevoir & juger définitivement les appels relatifs aux assiettes injustes d'impositions;

ces Commissaires aux appels tiendront leurs séances dans le tems ou dans les tems qu'ils jugeront convenables, & le Peuple en sera instruit à l'avance par des avertissemens publics.

Section quinzieme.

Les Loix de cette Colonie commenceront par la formule suivante *Qu'il soit statué par le Conseil & l'Assemblée générale de cette Colonie ; & il est ici statué par leur autorité.* Toutes les commissions données par le Gouverneur ou le Vice-Président, commenceront aussi par cette autre formule : *La Colonie du Nouveau-Jersey, à N. N. Salut.* Tous les actes publics se feront au nom de la Colonie, & toutes les plaintes se termineront par ces mots : *Contre la paix de la Colonie, contre son Gouvernement & sa dignité.*

Section seizieme.

Tous les criminels seront admis, pour les témoins & pour les conseils, aux mêmes privileges dont leurs poursuivans jouiront & auront droit de jouir.

Section dix-septieme.

LES biens de ceux qui se détruiront eux-mêmes ne seront pas confisqués en conséquence de ce crime, mais ils passeront aux personnes qui les auroient dû recueillir si la mort eût été naturelle ; & les choses qui pourront occasionner accidentellement la mort de quelqu'un ne seront plus désormais réputées *acquises à Dieu* (1), ne seront plus sous aucun prétexte confisquées à raison de ce malheur.

Section dix-huitieme.

AUCUNE personne dans cette Colonie ne pourra jamais être privée de l'inestimable privilege d'adorer le Dieu tout-puissant de la maniere qui lui est dictée par sa propre conscience, ni forcée, sous aucun prétexte, de

_____

(1) Autrefois en Angleterre l'épée dont on s'étoit servi pour tuer un homme, le charriot qui l'avoit écrasé, toute chose en général qui avoit contribué à la mort de quelqu'un étoit confisquée au profit de l'Eglise ; à la réformation, les Seigneurs se sont emparés de ce droit qui s'exerce encore dans la Grande-Bretagne.

se

fe rendre dans les lieux où l'on pratique un culte contraire à fa foi & à
fon jugement ; & perfonne dans cette
Colonie ne pourra être obligé de
payer des dîmes, des taxes ou d'autres contributions quelconques, pour
l'édification ou la réparation des
Eglifes, ou pour foudoyer les Miniftres d'une Religion qu'il ne croit
pas véritable, & qu'il ne s'eft pas engagé à pratiquer volontairement de
propos délibéré.

Section dix-neuvieme.

IL n'y aura point dans cette Province d'établiffement d'aucune fecte
particuliere de Religion par préférence à une autre ; & aucun Proteftant, habitant dans cette Colonie,
ne pourra être privé de la jouiffance
d'aucun droit civil par le feul motif
de fes principes Religieux ; mais toutes perfonnes profeffant la croyance
de quelque Secte Proteftante que ce
foit, qui fe conduiront bien & ne
troubleront point le Gouvernement
tel qu'il eft ici établi, pourront être
élues pour tous les emplois, foit
lucratifs, foit de pure confiance, être

G

choisies Membres de l'une ou de l'autre Chambre de Légiflation, & jouiront pleinement & librement de tous les privileges & de toutes les immunités dont jouiffent tous les au-tres fujets de ce Gouvernement (1).

Section vingtieme.

AFIN que les Corps légiflatifs de cette Colonie puiffent être, autant qu'il eft poffible, à l'abri de tout foupçon de corruption, aucun des Juges des Cours Suprêmes, des She-riffs, ni aucunes autres perfonnes revêtues de quelqu'emploi lucratif fous l'autorité du Gouvernement, excepté les Juges de Paix, ne pour-ront être élues Membres de l'Affem-blée générale ; & même pour ces der-niers, leurs Offices feront déclarés vacans auffi-tôt qu'ils auront été élus, & qu'ils prendront leur féance dans l'Affemblée.

---

(1) On voit par cette fection que les Ca-tholiques Romains, à qui la fection précé-dente laiffe le libre exercice de leur reli-gion, font privés de tous les emplois. La Conftitution de Penfylvanie a été plus jufte & plus impartiale.

Section vingt-unieme.

Toutes les Loix de cette Province contenues dans l'édition qui en a été publiée dernierement par M. Allinson, excepté celles qui seront incompatibles avec la présente Charte, seront & demeureront en pleine vigueur, jusqu'à ce qu'elles aient été changées par l'autorité législative, & elles seront exécutées dans tous les points par tous les Officiers civils ou autres, & par tout le bon Peuple de cette Colonie.

Section vingt-deuxieme.

La Loi commune d'Angleterre, aussi-bien que *la Loi des Statuts* (1), demeureront aussi en vigueur, telles qu'elles ont été pratiquées jusqu'à présent dans cette Colonie, jusqu'à

_____

(1) On appelle Loi commune en Angleterre, le Corps de Loi qui a été rédigé d'après des usages anciennement établis ; ce qui répond au Droit Coutumier de France.

La Loi des Statuts, est le Corps des Loix faites par la Puissance législative depuis qu'elle a pris une forme réguliere.

ce qu'elles aient été changées par une
Loi future de l'autorité législative;
à l'exception aussi des parties qui
contrarieroient les droits & privileges
contenus dans la présente Charte:
& le droit inestimable de la procédure par Jurés, sera & demeurera
confirmé comme une partie de la Loi
de cette Colonie, qu'on ne pourra
jamais changer.

Section vingt-troisieme.

TOUTE personne qui aura été élue
de la maniere ci-dessus prescrite,
pour être Membre du Conseil législatif ou de l'Assemblée générale, devra faire, avant de prendre sa
séance dans l'une ou l'autre de ces
Chambres, le serment ou l'affirmation suivante:

*Je N. déclare solemnellement que
comme Membre du Conseil législatif,
(ou de l'Assemblée générale, suivant
le cas) de la Colonie du Nouveau-
Jersey, je ne consentirai à aucune Loi,
à aucune résolution, à aucun acte qui
me paroisse nuisible au bien public de
cette Colonie, ou dont l'effet puisse être*

l'abrogation ou l'altération de la partie de la troisieme section de la Charte de cette Colonie, qui établit que les élections des Membres du Conseil législatif & de l'Assemblée seront annuelles, non plus que de la partie de la vingt-deuxieme section de ladite Charte, qui regarde la procédure par Jurés; & que je ne consentirai non plus à rien qui ait pour but d'abroger ou d'altérer aucune partie de la dix-huitieme & dix-neuvieme section de la même Charte.

Toutes personnes élues, comme il a été dit ci-devant, sont par la présente Constitution, autorisées à demander ledit serment ou ladite affirmation auxdits Membres & à la recevoir d'eux.

Mais il est déclaré, & c'est la véritable intention du Congrès, que s'il y avoit une réconciliation entre la Grande-Bretagne & ces Colonies, & que les dernieres rentrassent de nouveau sous la protection & le Gouvernement Britannique, la présente Charte sera nulle & comme non avenue; mais dans le cas contraire elle sera fermement & inviolablement établie.

G iij

En Congrès Provincial du Nouveau-Jersey, à Burlington, 2 Juillet 1776.

Par ordre du Congrês:

Signé SAMUEL TUCKER, Président.

Nota. L'acte d'indépendance ayant été publié peu de tems après le Congrès général, & les treize Etats ayant donné leur adhésion, la réserve de la derniere section de la Chartre ci-dessus est nulle.

CONSTITUTION

DE L'ÉTAT DE DELAWARE.

EN Commiſſion générale extraordinaire de l'Etat de DELAWARE,
Mercredi 11 Septembre 1776 : *ante
meridiem.*

*DÉCLARATION expoſitive des droits
& des principes fondamentaux de
l'Etat de Delaware, ci-devant appellé le Gouvernement des Comtés de
Newcaſte, de Kent & de Suſſex,
ſur la riviere de Delaware.*

I.

Tout Gouvernement tire ſon
droit du Peuple , eſt uniquement
fondé ſur un contrat réciproque , &
eſt inſtitué pour l'avantage commun.

I I.

Tous les hommes ont le droit

G iv

naturel & inaliénable d'adorer le Dieu
Tout-Puissant de la maniere qui leur
est dictée par leur conscience & par
leur raison : aucun homme ne doit,
ni ne peut légitimement être contraint
à pratiquer un culte religieux, ou à
salarier des Ministres de Religion
contre son gré, ou sans son propre
& libre consentement ; & aucune
Puissance quelle qu'elle soit ne peut,
ni ne doit, ni être, ni se prétendre
autorisée à gêner ou à contrarier, de
quelque maniere que ce soit, les
droits de la conscience dans le libre
exercice du culte religieux.

III.

TOUTES personnes professant la
Religion Chrétienne jouiront à jamais
& également des mêmes droits & des
mêmes privileges dans cet Etat, à
moins que, sous prétexte de Religion,
quelqu'un ne troublât la paix, le
bonheur ou la sûreté de la Société.

IV.

LE Peuple de cet Etat a seul le droit
essentiel & exclusif de se gouverner, & de régler son administration
intérieure.

V.

LES perſonnes revêtues de la Puiſſance légiſlative ou exécutrice , ſont
les Mandataires & les Serviteurs du
Public, & en cette qualité comptables
de leur conduite ; en conſéquence
toutes les fois que le but du Gouvernement n'eſt pas ou eſt mal rempli,
& que la liberté publique eſt mani-
feſtement en danger, ſoit par le fait
de la Puiſſance légiſlative ſeulement,
ſoit par une parfaite connivence entre
les deux autorités , le Peuple a le
droit & le pouvoir légitime d'établir
un nouveau Gouvernement , ou de
réformer l'ancien.

V I.

LA jouiſſance , par le Peuple , du
droit de participer à la Légiſlation,
eſt le fondement de la liberté & de
tout Gouvernement libre. Pour aſſurer ce but, toutes les élections doivent être libres & fréquentes ; &
tout homme libre , donnant preuve
ſuffiſante d'un intérêt permanent &
de l'attachement qui en eſt la ſuite ,
pour l'avantage général de la com-

G v

munauté, a droit de suffrage.

VII.

LE pouvoir de suspendre les Loix ou d'en arrêter l'exécution, ne peut être exercé que par la Légiſlature (1).

VIII.

La *Légiſlature* doit être aſſemblée fréquemment, tant pour le redreſſement des griefs, que pour corriger & fortifier les Loix.

IX.

TOUT homme a droit de demander à la *Légiſlature* le redreſſement des griefs, pourvu que cette demande ſoit faite avec décence & tranquilité.

---

(1) L'embarras qui réſulte dans la diction du mot *Corps Légiſlatif*, appliqué à un Corps compoſé de deux autres Corps diſtincts & ſéparés, m'a fait adopter de l'Anglois le mot *Légiſlature* : il eſt dans l'analogie de la Langue Françoiſe, qui manque de mot pour repréſenter cette idée ; & *Légiſlature* qui eſt le Corps revêtu de la Puiſſance légiſlative, ne peut pas être confondu avec Légiſlation, qui eſt l'action de cette Puiſſance.

X.

TOUT Membre de la Société a le droit d'être protégé par elle dans la jouiffance de fa vie, de fa liberté & de fa propriété; & chacun, en conféquence, eft obligé de contribuer pour fa part aux frais de cette protection, & de donner, lorfqu'il le faut, fon fervice perfonnel ou un équivalent; mais aucune partie de la propriété d'un homme ne peut lui être enlevée avec juftice, ni appliquée à aucun ufage public fans fon confentement propre, ou fans celui de fes repréfentans légitimes; & aucun homme, qui fe fait un fcrupule de confcience de porter les armes, ne peut, dans aucun cas, y être légitimement contraint, s'il paie un équivalent.

XI.

DES Loix, avec effet rétroactif pour punir des fautes commifes avant l'exiftence de ces Loix; font oppreffives & injuftes, & il ne doit point en être fait de pareilles.

XII.

TOUT Homme libre, pour toute

G vj

injure ou tort qu'il peut avoir reçu de quelqu'autre personne que ce soit, dans ses biens & terres ou dans sa personne, doit trouver un remede dans le recours aux Loix du Pays: il doit obtenir droit & justice, & une justice facile & sans obstacle, complette & sans réserve, prompte & sans délai, le tout conformément aux Loix du Pays.

XIII.

LA vérification des faits par Jurés, dans les lieux où les faits se sont passés, est une des meilleures sauve-gardes pour la vie, la liberté & les propriétés des Citoyens.

XIV.

DANS tout procès criminel, tout homme a le droit d'être instruit de l'accusation qui lui est intentée, d'obtenir un Conseil, d'être confronté à ses accusateurs & aux témoins, de faire examiner les témoignages sous serment à sa décharge; & il a le droit à une procédure prompte par un Juré impartial, sans le consentement unanime duquel il ne peut pas être déclaré coupable.

X V.

AUCUN Homme ne doit, dans les Cours de *Loi-Commune*, être forcé d'adminiftrer des preuves contre lui-même.

X V I.

IL ne doit point être exigé de cautionnemens exceffifs, ni impofé de trop fortes amendes, ni infligé de peines cruelles ou inufitées.

X V I I.

TOUT *Warrant* (Ordonnance) pour faire des recherches dans des lieux fufpects, pour arrêter quelqu'un ou faifir fes biens, eft injufte & vexatoire, s'il n'eft déterné fur une accufation affirmée par ferment; & tout *Général Warrant*, pour faire des recherches dans des lieux fufpects, & pour arrêter toutes perfonnes fufpectes, dans lequel le lieu ou la perfonne en particulier ne feroient pas nommés ou exactement décrits, eft illégal & ne doit point être accordé.

X V I I I.

UNE Milice bien réglée eft la défenfe convenable, naturelle & fûre d'un Gouvernement libre.

XIX.

DES armées toujours fur pied font dangereufes pour la liberté, & il ne doit en être ni levé ni entretenu, fans le confentement de la *Légiflature*.

XX.

DANS tous les cas & dans tous les tems, le Militaire doit être parfaitement fubordonné à l'autorité civile, & gouverné par elle.

XXI.

AUCUN Soldat, en tems de paix, ne doit être logé dans une maifon fans le confentement du propriétaire; & en tems de guerre il n'en fera ufé, pour les logemens, que de la maniere prefcrite par la *Légiflature*.

XXII.

L'INDÉPENDANCE & l'intégrité des Juges font effentielles pour l'adminiftration impartiale de la Juftice, & font les meilleurs garans des droits & de la liberté des Citoyens.

XXIII.

LA liberté de la preffe doit être inviolablement maintenue.

Le préfent extrait conforme aux Journaux de la Commiffion générale extraordinaire.

Signé JAMES BOOTH, Clerc.

————————————

EN Commiffion générale extraordinaire, affemblée à New-cafte pour l'État de DELA-WARE, commencée le 27ᵉ jour du mois d'Août 1776, & continuée, par ajournement, juf-qu'au 21 Septembre fuivant.

SERMENT & AFFIRMATION, avec la Déclaration, prêtés, reçus & fignés, par tous les Membres ref-pectivement.

JE — foutiendrai & maintiendrai de tout mon pouvoir l'indépendance de cet Etat, conformément à la Dé-claration qui en a été faite par l'honorable Congrès continental; & je mettrai en œuvre tout ce que j'ai de capacité pour compofer aux Habitans de cet Etat le fyſtême de Gouvernement qui me paroîtra le plus propre à procurer leur bonheur, & à leur affurer la jouiſſance de tous les droits & de tous les privileges naturels, civils & religieux.

Je — fais profeſſion de croire en Dieu le Pere, en Jeſus - Chriſt fon Fils unique, & au Saint-Eſprit, un feul Dieu béni à jamais; & je reconnois les Saintes Ecritures de l'Ancien & du Nouveau Teſtament, pour avoir été données par inſpiration Divine.

CONSTITUTION

Ou *Syftême de Gouvernement confenti & arrêté par les Repréfentans en Commiffion générale extraordinaire de l'Etat de DELAWARE, ci-devant appellé le Gouvernement des Comtés de Newcaftle, de Kent & de Suffex, fur la riviere de Delaware, ayant été lefdits Repréfentans choifis expreffément à cet effet par les hommes libres de cet Etat.*

Section premiere.

Le Gouvernement des Comtés de Newcaftle, de Kent & de Suffex fur la riviere de Delaware, fera déformais appellé dans tous les actes publics ou autres, l'*Etat de Delaware*.

Section deuxieme.

La Légiflature fera compofée de deux Corps diftincts, qui s'affembleront une fois chaque année, ou plus fouvent, s'il le faut, & qui, réunis, s'appelleront *l'Assemblée générale de Delaware.*

Section troisieme.

L'UN des Corps de la Législature s'appellera *la Chambre d'Assemblée ;* & il sera composé de sept Représentans pour chaque Comté, choisis par chacun des Comtés respectivement parmi ses Francs-Tenanciers.

Section quatrieme.

L'AUTRE Corps s'appellera *le Conseil*, & sera composé de neuf Membres, trois pour chaque Comté : ils seront élus par chacun des Comtés respectivement parmi ses Francs-Tenanciers, en même tems que se fera l'élection pour l'Assemblée ; & ils seront au-dessus de l'âge de vingt-cinq ans. Après une année révolue depuis l'élection générale, le Conseiller qui aura eu le moins de voix dans chaque Comté, sortira de place; & les vacances qu'occasionnera cette sortie, seront remplies par une nouvelle élection que les Hommes libres de chaque Comté feront, en la maniere ci-dessus dite, de la même per-

sonne ou d'une autre. Au bout de
deux ans après la premiere élection
générale, celui des Conseillers qui
n'aura été que le second pour le nombre des voix dans chaque Comté,
sortira aussi de place ; & les vacances
occasionnées par cette seconde sortie,
seront pareillement remplies par une
nouvelle élection. Au bout de la
troisieme année, le Conseiller qui,
à la premiere élection générale, aura
eu, dans chaque Comté, le plus
grand nombre de voix, sortira de
place à son tour ; & ces vacances
seront remplies par une élection nouvelle, dans la forme ci-dessus mentionnée.

Cette votation, par laquelle un
des Conseillers de chaque Comté
sortira de place au bout de trois ans
& sera remplacé par un nouveau
choix, aura toujours lieu & sera toujours exactement observée par la suite,
chaque année, dans l'ordre prescrit ;
ensorte qu'à la premiere élection seule
exceptée, chaque Conseiller demeurera en place trois ans, à compter de
son élection, & qu'à chaque élection, il y aura dans chaque Comté

un Conseiller dont la place deviendra
vacante, & sera remplie par un nouveau choix, soit de la même personne , soit d'une autre : par ce
moyen , après que les pourvus à la
premiere élection générale auront
coulé à fond , chaque Conseiller restera trois ans en place , & à toutes
les élections il y aura dans chaque
Comté un Conseiller déplacé ; & le
même sujet ou un autre sera élu pour
remplir la place.

Section cinquieme.

Le droit de suffrage pour les élections des Membres des deux Chambres continuera d'être exercé, comme
il l'est à présent, en vertu de la Loi:
chacune des Chambres choisira son
Orateur, nommera ses Officiers, jugera des qualités & de la validité des
élections de ses Membres , fera des
réglemens pour ses formes de procéder, & enverra des *Lettres d'élection*
pour les cas de vacances arrivant dans
l'intervalle d'une élection générale à
l'autre. Elles pourront aussi, chacune
en son particulier , expulser leurs
Membres pour mauvaise conduite ,

mais jamais deux fois pour la même
faute dans la même feffion, fi l'expulfé
eft réélu après la premiere ; & les
deux Chambres auront tous les autres
pouvoirs néceffaires à l'exercice du
pouvoir légiflatif d'un Etat libre &
indépendant.

Section fixieme.

Tous les Bills de levée d'argent
pour le foutien du Gouvernement,
feront propofés dans la Chambre de
l'Affemblée, & ne pourront être
changés, corrigés, ni rejettés par le
Confeil légiflatif. Tous les autres
Bills pourront être propofés indiffé-
remment dans la Chambre de l'Affemblée, ou dans celle du Confeil légiflatif, & ne pourront être refpectivement changés, corrigés ou rejettés
par l'autre Chambre.

Section feptieme.

Il fera élu, au fcrutin, par les
deux Chambres réunies un Préfident
ou premier Magiftrat : le fcrutin fe
prendra dans la Chambre d'affemblée;
la boîte fera examinée par les Orateurs des deux Chambres en préfence

des deux autres Membres ; & dans le cas où les deux perſonnes qui réuni- roient le plus grand nombre de voix, en auroient un nombre égal , alors l'Orateur du Conſeil aura une nou- velle voix pour départager. La nomi- nation de la perſonne qui aura eu la pluralité des ſuffrages ſera enregiſtrée tout au long ſur les minutes & jour- naux des deux Chambres ; il en ſera délivré au Préſident élu une copie en parchemin , certifiée & ſignée reſpec- tivement par les deux Orateurs , & ſcellée du grand ſceau de l'Etat, qu'ils auront, par la préſente Conſtitution, le droit d'appoſer. Le Préſident reſ- tera trois ans en place , c'eſt-à-dire , juſqu'à la ſeſſion ſuivante de l'Aſſem- blée générale , & pas au-delà ; il ne ſera éligible de nouveau qu'après un intervalle de trois ans.

Il lui ſera aſſigné , pendant ſon exercice, des appointemens ſuffiſans, mais modiques. Il pourra tirer ſur les Tréſoriers pour les ſommes dont l'Aſſemblée générale aura arrêté la deſtination, & en diſpoſer ; & il en ſera comptable envers elle. Dans l'ab- ſence de l'Aſſemblée générale , il

pourra, par & avec l'avis du Confeil-
Privé , mettre embargo fur les marchandifes, ou en défendre l'exportation , pour un tems qui n'excede pas
trente jours. Il aura le droit de faire
grace , ou d'accorder répit , excepté
lorfque l'affaire fera pourfuivie au
nom de la Chambre d'affemblée, ou
lorfque la Loi en aura ordonné autrement : dans ces deux cas , il ne pourra
être accordé ni grace ni répit , que
par une réfolution de la Chambre
d'affemblée.

Enfin , le Préfident aura toute la
puiffance exécutrice du Gouvernement , dans les bornes & avec les
reftrictions établies par la préfente
Conftitution, & conformément aux
Loix de l'Etat.

En cas de mort , d'inhabileté du
Préfident, ou en cas qu'il foit abfent
de l'Etat, l'Orateur actuel du Confeil
légiflatif fera Vice-Préfident par interim ; & dans le cas où ce dernier
viendroit à mourir, feroit inhabile ,
ou feroit abfent de l'Etat , l'Orateur
de la Chambre d'affemblée aura tous
les pouvoirs & exercera toutes les
fonctions du Préfident jufqu'à ce que

l'Affemblée générale ait fait une nouvelle nomination.

Section huitieme.

IL fera élu, au fcrutin, un Confeil-
Privé, compofé de quatre Membres,
dont deux feront choifis par le Confeil légiflatif & deux par la Chambre
d'affemblée; fous l'expreffe réferve
qu'aucun Officier *régulier* de terre ou
de mer, au fervice & à la paie du
Continent, ou de cet Etat, ou de
tout autre, ne pourra être élu, &
que tout Membre, foit du Confeil
légiflatif, foit de la Chambre d'affemblée, qui fera élu pour le Confeil-
Privé, & qui acceptera, perdra fa
place dans l'une ou l'autre de ces deux
Chambres.

La préfence de trois Membres du
Confeil-Privé fuffira pour le mettre
en activité; leurs avis & tous les actes
du Confeil feront couchés fur un
regiftre, & fignés par les Membres
préfens, (avec faculté à ceux qui
feroient d'un avis différent, de l'y
infcrire), pour être préfentés à l'Affemblée générale, lorfqu'elle les demandera.

Deux

Deux des Membres du Conseil-Privé en seront retranchés au scrutin au bout de deux ans, l'un par le Conseil législatif, l'autre par la Chambre d'assemblée : ceux qui resteront sortiront de place l'année suivante, & les uns & les autres ne redeviendront éligibles qu'au bout de trois ans.

Ces vacances, ainsi que celles occasionnées par mort ou par incapacité, seront remplies par de nouvelles élections dans la même forme. Et cette votation des Conseillers-Privés sera continuée chaque année à perpétuité dans l'ordre prescrit. Le Président pourra convoquer le Conseil-Privé dans tous les tems où les affaires publiques le requerront, & dans le lieu qu'il jugera le plus convenable, & les Conseillers seront tenus de s'y rendre.

Section neuvieme.

LE Président pourra, de l'avis & consentement du Conseil-Privé, enrégimenter la milice, & faire les fonctions de Capitaine général & de Commandant en chef de cette milice, & des autres forces militaires de cet

H

Etat, conformément aux Loix de cet Etat.

Section dixieme.

L'UNE & l'autre Chambre de l'Assemblée générale, pourront s'ajourner elles-mêmes respectivement. Le Président n'aura pas le pouvoir de proroger, d'ajourner ou de diffoudre l'Assemblée générale ; mais il pourra, de l'avis du Conseil Privé, ou fur la demande du plus grand nombre des Membres de l'une & l'autre Chambre, la convoquer pour un tems plus prochain que celui auquel elle fe feroit ajournée. Les deux Chambres tiendront toujours leurs féances dans le même tems & dans le même lieu ; à l'effet de quoi l'Orateur de la Chambre d'affemblée, après chaque ajournement, informera l'Orateur de l'autre Chambre du jour pour lequel la premiere fe fera ajournée.

Section onzieme.

LES Délégués pour l'Etat de Delaware au Congrès des Etats-Unis d'Amérique feront choifis tous les ans, ou révoqués & remplacés dans l'intervalle, au scrutin, par les deux Chambres réunies en Assemblée générale.

Section douzieme.

LE Président & l'Assemblée générale réunis, nommeront au scrutin trois Juges de la Cour suprême pour tout l'Etat, l'un desquels sera *Chef Juge* (Président du Tribunal), & un Juge de l'Amirauté ; ils nommeront aussi de la même maniere, pour chaque Comté, quatre des Juges des Cours des Plaids Communs, des Cours des Orphelins, dont un dans chaque Cour aura le titre de *Chef-Juge.* En cas d'égalité de suffrages dans le scrutin, pour ces différentes élections, le Président aura une nouvelle voix pour départager. Tous ces Juges recevront du Président une Commission scellée du grand sceau; ils conserveront leurs offices tant qu'ils se conduiront bien, & les Juges de la Cour Suprême & des Cours des Plaids-Communs ne pourront, tant qu'ils seront en place, posséder aucun autre emploi, excepté dans la Milice.

Tous les Juges de toutes lesdites Cours auront l'autorité d'ouvrir & d'ajourner leur Cour, dans le cas où leurs Collegues ne viendroient point. Il leur sera assigné, pendant la durée de leur exercice, des appointemens fixes suffisans, mais modiques.

Le Président & le Conseil-Privé nommeront le Secrétaire, le Procureur Général, des *Officiers* pour enregistrer & vérifier les testamens, & accorder des Lettres d'administration, des Gardes-Rôles en Chancellerie, des Clercs pour les Cours des Plaids-Communs & pour les Cours des Orphelins, & des *Clercs de Paix*, qui recevront des Commissions, comme il est dit ci-dessus, & conserveront leurs Offices pendant cinq ans, s'ils se conduisent bien. Durant ce tems, lesdits *Officiers* en Chancellerie & lesdits Clercs ne pourront être Juges dans aucune des deux dites Cours dans lesquelles ils serviront; mais ils auront l'autorité de signer tous les actes émanés d'elles, & prendre des reconnoissances des cautionnemens,

Les Juges de Paix feront nommés par la Chambre d'affemblée, c'eft-à-dire, qu'elle choifira, pour chaque Comté, vingt-quatre Sujets, parmi lefquels le Préfident, avec l'approbation du Confeil-Privé, en choifira douze, qui recevront des Commiffions dans la forme fufdite, & conferveront leurs Offices pendant fept ans, s'ils fe conduifent bien; & dans le cas de vacance, ou fi la *Légiflature* juge à propos d'en augmenter le nombre, ils feront choifis & nommés de la même maniere.

Les Membres du Confeil Légiflatif & du Confeil Privé feront Juges de Paix pour tout l'Etat, tant qu'ils feront en place; & les Juges des Cours de Plaids-Communs, feront *Confervateurs* de la paix de leurs Comtés refpectifs.

Section treizieme.

Les Juges des Cours de Plaids-Communs & des Cours des Orphelins auront le pouvoir de tenir les Cours inférieures de Chancellerie, comme ils ont fait jufqu'à préfent.

à moins que la *Législature* n'en ordonne autrement.

Section quatorzieme.

LES Clercs de la Cour Suprême feront nommés par le Juge en Chef de cette Cour, & les *Gardes du Registre des Actes* le feront par les Juges des Cours des Plaids-Communs pour chaque Comté respectivement. Ces Officiers recevront du Président des Commissions scellées du grand sceau, & conserveront leurs places pendant cinq ans, s'ils se conduisent bien.

Section quinzieme.

LES Shériffs & Coroners des Comtés respectifs feront choisis annuellement comme ci-devant ; & toute personne ayant servi trois ans comme Shériff, ne sera éligible de nouveau qu'après un intervalle de trois années. Le Président & le Conseil-Privé auront ainsi & de la même maniere que le Gouvernement en jouissoit ci-devant, le pouvoir de nommer, sur deux Sujets présentés pour chacun desdits Offices de Shériff & de Co-

roner, celui qui leur paroîtra les
mériter le mieux.

Section seizieme.

L'ASSEMBLÉE générale réunie nommera, par la voie du scrutin, les Officiers généraux, ceux des Etats-Ma-
jors & tous les autres Officiers de
terre & de mer de cet Etat ; & le
Président pourra nommer, pour le
tems qu'il jugera à propos, jusqu'à ce
que la Puissance législative en ait autrement ordonné, tous les Officiers
civils nécessaires qui ne font pas
mentionnés dans la présente Constitution.

Section dix-septieme.

IL y aura, dans les matieres de
loi & d'équité, appel de la Cour Suprême de Delaware à une Cour de
sept personnes, composée du Président en exercice, qui la présidera, &
de six autres Membres nommés, trois
par le Conseil législatif, & trois par
l'Assemblée, qui recevront du Président, des Commissions du grand sceau,
& conserveront leurs Offices tant
qu'ils s'y conduiront bien. Cette Cour

H iv

s'intitulera la *Cour des Appels* ; & elle aura la même autorité, & tous les pouvoirs que la Loi attribuoit ci-devant en dernier reffort au Roi en Confeil fous l'ancien Gouvernement. Le Secrétaire fera le *Clerc* de cette Cour ; & vacance arrivant de quelques-uns de ces Offices par mort ou par incapacité, il y fera pourvu par une nouvelle élection en la maniere ci-deffus prefcrite.

Section dix-huitieme.

LES Juges de la Cour Suprême & les Cours des Plaids-Communs, les Membres du Confeil-Privé, le Secrétaire, les Commiffaires de l'Office du Prêt Public, & les Clercs des Cours de Plaids-Communs, tant qu'ils feront en place, ainfi que toutes perfonnes *engagées par contrat* au fervice de terre ou de mer, ne feront pas éligibles pour l'une ni pour l'autre des Chambres de l'Affemblée ; & tous Membres de l'une ou l'autre de ces Chambres, qui accepteront quelqu'un des fufdits Offices, excepté ceux de Juge de Paix, perdront leurs places, qui feront déclarées vacantes, & auxquelles on pourvoira par une nouvelle élection.

Section dix-neuvieme.

LE Conseil législatif & l'Assemblée auront le pouvoir d'*ordonner* le grand sceau de l'Etat, qui sera gardé par le Président, ou, en son absence, par le Vice-Président, pour en être usé par eux, lorsqu'il en sera besoin. Ce sceau s'appellera le *grand sceau de l'Etat de Delaware*, & sera apposé à toutes les Loix & Commissions.

Section vingtieme.

LES Commissions se donneront au nom de *l'Etat de Delaware*, & seront signées en certification par le Président. Les actes s'intituleront de la même maniere ; ils seront signés en certification par le *Chef-Juge*, ou par le premier Juge nommé par les Commissions dans chacune des Cours respectives. Les plaintes se terminèront par ces mots : *contre la paix & la dignité de l'Etat.*

Section vingt & unieme.

VACANCE arrivant de quelqu'un

H v

des Offices qui doivent, en vertu des articles précédens, être nommés par le Président & l'assemblée générale, il sera pourvu à leur exercice par le Président & le Conseil-Privé, jusqu'à ce que la nouvelle élection ait pu avoir lieu.

Section vingt-deuxieme.

TOUTE personne qui sera choisie Membre de l'une ou l'autre Chambre, ou nommée à quelqu'Office ou Emploi de confiance, avant de prendre séance ou d'entrer en exercice de son Office, devra prêter le serment ou faire l'affimation suivante, si elle se fait un scrupule de conscience de prêter serment.

Je — N. — garderai une sincere fidélité à l'Etat de Delaware; je me soumettrai à sa Constitution & à ses Loix, & je ne ferai *sciemment* aucune chose qui puisse préjudicier à sa liberté.

La même personne sera aussi tenue de faire la déclaration suivante.

Je N. —— fais profession de croire en Dieu le Pere, en Jesus-Christ son fils unique, & au Saint-Esprit, un feul Dieu béni à jamais ; & je reconnois les Saintes Ecritures de l'ancien & du nouveau Teſtament pour avoir été données par une inſpiration Divine.

Tous les Officiers feront en outre le ferment de leur Office.

Section vingt-troiſieme.

LE Préſident & tous autres ſuſpects de délits envers l'Etat, ſoit pour malverſation, corruption, ou pour toutes autres cauſes par leſquelles la ſûreté de la République ſeroit compromiſe, pourront être accuſés, par la Chambre d'aſſemblée, devant le Conſeil légiſlatif ; ſavoir, le Préſident, lorſqu'il ſera ſorti de place & dans les dix-huit mois ſuivans, & tous autres dans les dix-huit mois après le délit commis. L'accuſation ſera pourſuivie par le Procureur général, ou par telles autres perſonnes que la Chambre d'aſſemblée pourra commettre à cet effet & conformément aux Loix du pays. Celui ou ceux qui, ſur l'accuſation, ſeront trouvés coupables, ſeront ou déclarés incapables d'exercer aucun Office ſous l'autorité du

H vj

Gouvernement , ou deſtitués de leurs
emplois pour un tems limité, ou punis, ſuivant l'exigence des cas, par
les peines ou amendes portées par les
Loix. Et tout Officier ſera deſtitué ſur
les trois motifs ſuivans : ſur un Jugement des Cours de Loi Commune,
qui le déclare convaincu de malverſation ; ſur une accuſation ou crime
d'Etat, au nom de la Chambre d'Aſſemblée , jugée par le Conſeil Légiſlatif ; ou ſur une Adreſſe de l'Aſſemblée générale (1).

Section vingt-quatrième.

Tous les actes des anciennes Aſ-
ſemblées , qui avoient force de Loi
dans cet Etat à l'époque du 15 Mai
dernier, (& qui ne ſont point changées par la préſente Conſtitution,
ou contraires aux réſolutions, ſoit
du Congrès , ſoit de la derniere ſeſſion de la Chambre d'Aſſemblée de

---

(1) Comme dans ce dernier cas, c'eſt la
Légiſlature elle-même qui parlera, ſa ſeule
volonté, ſans expoſition de motif , ſera
une raiſon ſuffiſante : l'Adreſſe ſera portée
au Préſident, qui expédiera la deſtitution
en conſéquence.

&et Etat), demeureront en vigueur,
jufqu'à ce qu'elles foient abrogées ou
changées par la Légiflature de cet
Etat. Si cependant ces actes n'avoient
été faits que pour un certain tems,
ils cefferont d'être exécutés aux termes refpectivement limités pour leur
durée.

Section vingt-cinquieme.

LA Loi commune d'Angleterre,
auffi bien que la Loi des Statuts, demeureront en vigueur, telles qu'elles
ont été exécutées jufqu'à préfent, à
moins qu'elles ne foient changées
par un Loi future de la *Légiflation*;
à l'exception feulement des points
qui contrarieroient les droits & les
privileges contenus dans la préfente
Conftitution & dans la Déclaration
expofitive des droits, &c. arrêtés
par la préfente Commiffion générale.

Section vingt-fixieme.

AUCUNE perfonne importée d'A-
frique dans cet Etat ne fera déformais tenue en efclavage, fous aucun
prétexte ; & aucun efclave Negre,
Indien ou Mulâtre ne fera amené dans

cet Etat, de quelque partie du monde
que ce foit, pour y être vendu.

Section vingt-septieme.

LA premiere élection pour l'Affemblée générale de cet Etat, fe
tiendra le 21 Octobre prochain dans
les maifons d'affemblée des différens
Comtés, & de la maniere ufitée jufqu'à préfent pour l'Affemblée ; fi ce
n'eft quant au choix des Infpecteurs
& des Affeffeurs, dans les endroits
où les Affeffeurs n'ont pas été choifis
le 16 du préfent mois de Septembre:
dans ce cas ils feront choifis le matin
même du jour de l'élection, par les
Electeurs, Habitans des Diftricts refpectifs dans chaque Comté.

Les Shériffs & Coroners pour lefdits Comtés feront auffi refpectivement élus le même jour : les Shériffs
actuels des Comtés de Newcaftle &
de Kent pourront être réélus dans
leur Office, jufqu'au premier Octobre de l'an de grace 1779; & le Shériff
actuel du Comté de Suffex pourra être
réélu dans le fien jufqu'au premier
Octobre de l'an de grace 1778, pourvu
que les Hommes libres juge t à pro-

pos de les réélire à chaque élection générale. Les Shériffs & Coroners actuels continueront d'exercer leurs Offices, jusqu'à ce que les nouveaux Shériffs & Coroners qui doivent être élus le premier Octobre aient reçu leurs Commissions & prêté le serment de l'Office.

Les Membres du Conseil législatif & de l'Assemblée, s'assembleront pour traiter les affaires de l'Etat, le 28 Octobre prochain, & conserveront leur emploi jusqu'au premier Octobre 1777 ; auquel jour, & au premier Octobre de chaque année à perpétuité, le Conseil législatif, l'Assemblée, les Shériffs & les Coroners seront choisis au scrutin & de la maniere prescrite par les différentes Loix de cet Etat, pour régler les élections des Membres de l'Assemblée des Shériffs & des Coroners. L'Assemblée générale ouvrira ses séances régulierement le 20 Octobre de chaque année, pour travailler aux affaires de l'Etat. Lorsqu'un desdits jours premier & 20 Octobre se trouvera être un Dimanche, les élections ou le jour de l'Assemblée générale, selon le cas, fe feront le lendemain.

Section vingt-huitieme.

POUR prévenir toute violence ou voie de fait dans lefdites élections, aucune perfonne ne pourra y venir avec des armes : aucune revue de milice ne pourra être faite ce jour-là ; les Individus d'aucun bataillon ni compagnie ne pourront donner leurs fuffrages en fe fuivant immédiatement les uns les autres, fi quelqu'autre Votant veut les interrompre en fe préfentant pour donner le fien ; & aucun bataillon ni compagnie, à la folde du Continent de cet Etat, ou de quelqu'autre Etat que ce foit, ne pourra refter dans le lieu & au moment où fe tiennent les élections, ni à la diftance d'un mille defdits lieux refpectivement pendant vingt-quatre heures après la clôture defdites élections, afin que rien ne puiffe s'oppofer à ce qu'elles fe faffent librement & commodément ; mais ceux des Electeurs qui pourront fe trouver dans ces corps de troupes, auront la faculté de venir, le jour de l'élection, donner leur fuffrage avec décence & tranquilité.

Section vingt-neuvieme.

IL n'y aura point dans cet Etat
d'établissement d'aucune Secte de Religion par préférence à une autre ; &
aucun Ecclésiastique ou Prédicateur
de l'Evangile, de quelque dénomination que ce soit, ne pourra remplir
aucun Office civil dans cet Etat, ni
être Membre de l'un ou de l'autre des
branches de la *Législature*, tant qu'il
continuera d'exercer les fonctions
pastorales.

Section trentieme.

AUCUN article de la Déclaration
expositive des droits, & des *regles
fondamentales* de cet Etat, arrêtés
par la présente Commission générale
extraordinaire, ni le premier, second, cinquieme, (à l'exception de
la partie qui concerne le suffrage,)
ni les vingt-sixieme & vingt-neuvieme articles de la présente Constitution, ne doivent jamais être vio-
lés, sous quelque prétexte que ce
soit. Aucune autre de ses parties ne
pourra être altérée, changée ou diminuée sans le consentement des cinq

186 CONSTITUTION, &c.
feptiemes de laChambre d'Affemblée,
& de fept des Membres du Confeil
légiflatif.

Signé GEORGES READ , Préfident.

Extrait des Journaux.

Certifié ,*figné* JAMES BOOTH , Clerc.

CONSTITUTION

DU MARYLAND.

DÉCLARATION des Droits arrêtés par les Délégués du MARYLAND, assemblés en pleine & libre convention.

LE Parlement de la Grande-Bretagne s'étant, par un Acte déclaratoire, arrogé de faire des Loix obligatoires pour les Colonies dans tous les cas quelconques ; ayant, pour assurer cette prétention, entrepris de subjuguer par la force des armes les Colonies-Unies, & de les réduire à une soumission entiere & sans aucune autre restriction à son pouvoir & à sa volonté ; & les ayant mises enfin dans la nécessité de se déclarer elles-mêmes, *Etats indépendans* ; en conséquence, Nous, les Délégués du Maryland, assemblés en pleine &

libre convention, prenant dans sa plus sérieuse & la plus mûre considération les meilleurs moyens d'établir dans cet Etat une bonne Constitution, qui en soit le solide fondement, & lui procure la sécurité la plus permanente; Nous déclarons que :

I.

TOUT Gouvernement tire son droit du Peuple, est uniquement fondé sur un contrat & institué pour l'avantage commun.

II.

LE Peuple de cet Etat doit avoir seul le droit exclusif de régler son Gouvernement & sa Police intérieure.

III.

LES Habitans du Maryland ont droit au maintien de la Loi commune d'Angleterre, & à la procédure par Jurés, telle qu'elle est établie par cette Loi; ils ont droit au bénéfice de ceux des Statuts Anglois qui existoient au tems de leur première émigration, & qui, par exe

périence, fe font trouvés applicables
à leurs circonftances locales ou autres ; & au bénéfice de ceux des autres
Statuts & qui ont été faits depuis
en Angleterre ou dans la Grande-
Bretagne, & qui ont été introduits,
ufités & pratiqués par les Cours de
Loi ou d'équité ; ils ont droit auffi
au maintien de tous les Actes de
l'Affemblée qui étoient en vigueur
le premier Juin 1774 : à l'exception
de ceux dont la durée à pu être li-
mitée à des termes qui font expirés
depuis cette époque, & de ceux qui
ont été ou qui pourront être dans
la fuite changés par des Actes de la
Convention ou par la préfente Déclaration des droits ; & en réfervant
toujours à la Légiflature de cet Etat
le droit de divifer ces Loix, Statuts
& Actes, de les changer & de les
abroger : enfin les Habitans de Maryland ont droit à toutes les propriétés à eux dévolues, en conféquence & fous l'autorité de la charte
accordée par Sa Majefté Charles premier à Cecil Calvert, Baron de Baltimore.

IV.

TOUTES les personnes revêtues de la puissance législative ou de la puissance exécutrice du Gouvernement, sont les Mandataires du Public, & comme tels, responsables de leur conduite; en conséquence, toutes les fois que le but du Gouvernement n'est point ou est mal rempli, que la liberté publique est manifestement en danger, & que tous les autres moyens de redressement sont inefficaces, le Peuple a le pouvoir & le droit de réformer l'ancien Gouvernement ou d'en établir un nouveau; la doctrine de non résistance contre le pouvoir arbitraire & l'oppression, est absurde, servile & destructive du bien & du bonheur du genre humain.

V.

LA jouissance, par le Peuple, du droit de participer activement à la Législation, est le gage le plus assuré de la liberté, & le fondement de tout Gouvernement libre; pour remplir ce but, les élections doivent être libres & fréquentes; & tout homme ayant une propriété dans la Communauté, ayant un intérêt commun avec elle, & des motifs pour lui être attaché, y a droit de suffrage.

V I.

LA puissance législative, la puissance exécutrice, & l'autorité judiciaire, ne doivent être jamais séparées & distinctes l'une de l'autre.

V I I.

LE pouvoir de suspendre les Loix, ou leur exécution, ne doit être exercé que par la Législature, ou par une autorité dérivée d'elle.

V I I I.

LA liberté de parler, les débats ou délibérations dans la Législature, ne doivent être le fondement d'aucune accusation ou poursuite dans aucune autre Cour ou Tribunaux quelconques.

I X.

IL doit être fixé pour l'Assemblée de la Législature un lieu le plus commode à ses Membres, & le plus convenable pour le dépôt des registres publics; & la Législature ne doit être convoquée & tenue dans un autre lieu, que dans le cas d'une nécessité évidente.

X.

LA Législature doit être fréquemment assemblée pour pourvoir au redressement des griefs, & pour corriger, fortifier & maintenir les Loix.

X I.

TOUT Homme a droit de s'adresser à la Législature pour le redressement des griefs, pourvu que ce soit d'une maniere paisible & conforme au bon ordre.

X I I.

AUCUN subside, charge, taxe, impôt, droits ou droit, ne doivent être établis, fixés ou levés, sous aucun prétexte, sans le consentement de la Législature.

XIII.

LA levée des taxes par le nombre de tête est injuste & oppressive; les pauvres ne doivent point être imposés pour le maintien du Gouvernement;

sissent ; mais toutes autres personnes dans l'Etat doivent contribuer aux taxes publiques pour le maintien du Gouvernement, chacun proportionnellement à sa richesse actuelle en propriétés réelles ou personnelles dans l'Etat ; il peut être aussi convenablement & justement établi ou imposé des amendes, des douanes ou des taxes par des vues politiques pour le bon gouvernement & l'avantage de la Communauté.

XIV.

Il faut éviter les Loix qui ordonnent l'effusion du sang, autant que la sûreté de l'Etat peut le permettre ; & il ne doit être fait à l'avenir, pour aucun cas ni dans aucun tems, de Loi pour infliger des peines ou amendes cruelles & inusitées.

XV.

Des Loix avec effet rétroactif, pour punir des crimes commis avant l'existence de ces Loix, & qui n'ont été déclarés *crimes* que par elles, sont oppressives, injustes & incompatibles avec la liberté ; ainsi il ne doit

I

jamais être fait de Loi *ex post facto*, après le cas arrivé.

XVI.

DANS aucun cas, ni dans aucun tems, il ne sera fait déformais aucun acte législatif pour déclarer qui que ce soit, coupable de trahison ou de félonie (1).

XVII.

TOUT Homme libre doit, pour toute injure ou tort qu'il peut recevoir dans sa personne ou dans ses biens, trouver un remede dans le recours aux Loix du Pays : il doit obtenir droit & justice, librement & sans être obligé de les acheter, complétement & sans aucun refus, promptement & sans délai, le tout conformément aux Loix du Pays.

XVIII.

LA vérification des faits dans les

_____

(1) Le but de cet article, est d'empêcher la Puissance législative de devenir, dans aucun cas, autorité judiciaire : abus sujet à beaucoup d'inconvéniens, & qui existe dans la Constitution d'Angleterre.

lieux où ils se sont passés, est une des plus grandes sûretés de la vie, de la liberté, & de la propriété des Citoyens.

XIX.

DANS tous les procès criminels, tout homme a le droit d'être informé de l'accusation qui lui est intentée ; d'avoir une copie de la plainte ou des charges dans un tems suffisant, lorsqu'il le requiert, pour préparer sa defense ; d'obtenir un Conseil; d'être confronté aux témoins qui déposent à sa charge ; de faire entendre ceux qui sont à sa décharge, de faire examiner les uns & les autres sous le serment, & il a droit à une procédure prompte par un Juré impartial, sans le consentement unanime duquel il ne peut pas être déclaré coupable.

XX.

AUCUN homme ne doit être forcé d'administrer des preuves contre lui-même dans les Cours de Loi commune, ni dans aucunes autres Cours, excepté pour les cas où la chose a été pratiquée ordinairement dans cet Etat, ou pour ceux où elle sera ordonnée à l'avenir par la Législature (1).

XXI.

AUCUN Homme libre ne doit être arrêté, emprisonné, dépouillé de ses propriétés, immunités ou privileges, mis hors de la protection de la Loi, exilé, maltraité en aucune maniere, privé de sa vie, de sa liberté ou de ses biens, qu'en vertu d'un Jugement de ses Pairs ou de la Loi du Pays.

XXII.

IL ne doit être exigé par aucune Cour de Loi de cautionnemens excef-

---

(1) Dans les Cours de Chancellerie, selon la Loi d'Angleterre, l'accusé est examiné sous le serment de dire la vérité : il est obligé de la dire, lors même que les réponses véridiques aux questions qui lui sont faites formeroient preuve contre lui ; & il peut être puni *comme parjure*, s'il fait des réponses fausses, ou comme *contempteur de la Justice*, s'il refuse d'y répondre.

Il y a des Cours de Chancellerie dans le Maryland ; mais il n'y en a point dans les quatre Etats de la Nouvelle-Angleterre, ni en Pensylvanie.

fifs, ni impofé de trop fortes amendes, ni infligé de peines cruelles ou inufitées (1).

XXIII.

TOUT *Warrant*, pour faire des recherches dans des lieux fufpects, pour arrêter quelqu'un ou faifir fes biens, eft injufte & vexatoire, s'il n'eft décerné fur une accufation revêtue d'un ferment ou d'une affirmation folemnelle; & tout *Général Warrant*, pour faire des recherches dans des lieux fufpects, ou pour arrêter des perfonnes fufpectes, fans que la perfonne ou le lieu y foient nommés & fpécialement décrits, eft illégal & ne doit point être accordé.

XXIV.

IL ne doit y avoir confifcation

_____

(1) En Amérique, ainfi qu'en Angleterre, on diftingue les Cours de Juftice en deux efpeces : *Cours de Loi, & Cours d'Equité*. Les premieres font obligées de juger précifément fuivant la lettre de la Loi. Les autres en fuivent plutôt l'efprit, & jugent felon l'équité, dans les cas où l'exécution rigoureufe de la Loi feroit une injuftice.

d'aucune partie des biens d'un homme pour aucun crime , excepté pour meurtre ou pour trahifon contre l'Etat ; & alors feulement d'après la conviction & le Jugement qui le déclare convaincu.

XXV.

UNE Milice reglée eft la défenfe convenable & naturelle d'un Gouvernement libre.

XXVI.

DES armées toujours fur pied font dangereufes pour la liberté; & il ne doit en être levé ni entretenu fans le confentement de la Légiflature.

XXVII.

DANS tous les cas & dans tous les tems, le militaire doit être exactement fubordonné à l'autorité civile, & gouverné par elle.

XXVIII.

EN tems de paix , il ne doit point être logé de Soldat dans une maifon fans le confentement du propriétaire; & en tems de guerre, le logement ne

doit être fait que de la maniere ordonnée par la Légiflature.

XXIX.

AUCUNE perfonne , à l'exception
de celles qui font partie des troupes
de terre ou de mer , ou dans la Milice actuellement en fervice , ne peut
dans aucun cas être affujettie à la Loi
martiale , ni foumife à des peines en
vertu de cette Loi.

XXX.

L'INDÉPENDANCE & l'intégrité des
Juges font une chofe effentielle pour
l'adminiftration impartiale de la Juftice, & forment un des grands fonde-
mens de la fécurité des droits & de la
liberté des Citoyens : c'eft pourquoi
le Chancelier & tous les Juges doivent
conferver leurs charges tant qu'ils fe
conduiront bien ; & lefdits Chancelier & Juges doivent être deftitués
pour mauvaife conduite, après avoir
été convaincus dans une Cour de Loi;
& ils pourront être auffi deftitués
par le Gouverneur fur la demande de
l'Affemblée générale ; pourvu que les
deux tiers de la totalité des Membres
I iv

de chaque Chambre aient concouru à cette demande. Il doit être assigné au Chancelier & aux Juges des appointemens honnêtes, mais non pas trop considérables, pendant qu'ils exerceront leurs charges; le tout de la maniere & dans le tems ordonnés à l'avenir par la Législature, d'après la considération des circonstances dans lesquelles cet Etat se trouvera. Aucuns Chancelier ou Juges ne doivent posséder aucun autre Office civil ou militaire, ni recevoir de droits, ni d'émolumens d'aucune espece.

XXXI.

UNE longue stabilité dans les premiers départemens de la Puissance exécutrice, ou dans les emplois de maniement, est dangereuse pour la liberté; c'est pourquoi le changement périodique des Membres de ces Départemens est un des meilleurs moyens d'assurer une liberté solide & durable.

XXXII.

AUCUNE personne ne doit posséder à la fois plus d'un emploi de profit;

& aucune perfonne revêtue d'un emploi public ne doit recevoir de préfent d'aucun Prince ou Etat étranger, ni des Etats-Unis, ni d'aucun d'eux, fans l'approbation de cet Etat.

XXXIII.

COMME il eft du devoir de tout homme d'adorer Dieu de la maniere qu'il croit lui être la plus agréable, toutes perfonnes profeffant la Religion Chrétienne ont un droit égal à être protégées dans leur liberté religieufe ; ainfi aucun homme ne doit être inquiété par aucune Loi dans fa perfonne ou dans fes biens au fujet de fa croyance, de fa profeffion ou de fa pratique en fait de Religion, à moins que fous prétexte de Religion, il ne troublât le bon ordre, la paix ou la fûreté de l'Etat, ou qu'il ne tranfgreffât les Loix de la morale, ou qu'il ne fît tort aux autres dans leurs droits naturels, civils ou religieux; & aucun homme ne doit être forcé de fréquenter ou d'entretenir, ou de contribuer, à moins qu'il ne s'y foit obligé par un contrat, à entretenir aucun lieu particulier de culte, ni aucun Miniſtre de la Religion en particulier. Cependant la Légiſlature pourra établir à ſa volonté une taxe égale & générale pour le maintien de la Religion Chrétienne, en laiſſant à chaque individu le pouvoir de deſtiner l'argent qu'on aura perçu de lui, à l'entretien d'un lieu de culte, ou d'un Miniſtre de Religion en particulier, ou au bénéfice des pauvres de la ſecte, ou en général à celui des pauvres d'un Comté particulier; mais les Egliſes, Chapelles, terres & tous autres biens appartenans à l'Egliſe Anglicane doivent lui demeurer pour toujours. Tous les actes de l'Aſſemblée ci-devant faits pour bâtir ou réparer les Egliſes particulieres & des Chapelles ſuccurſales, demeureront en vigueur & ſeront exécutées, à moins que la Légiſlature ne les ſuſpende ou ne les révoque par de nouveaux actes ; mais aucune Cour de Comté ne devra impoſer à l'avenir ni une quantité de tabac, ni une ſomme d'argent ſur la demande d'aucun Sacriſtain ou Marguillier; & tout Bénéficier de l'Egliſe Anglicane qui a demeuré & exercé ſes fonctions dans ſa Paroiſſe, aura droit de toucher la proviſion & l'entretien établis par l'acte intitulé : *l'acte pour l'entretien du Clergé de l'Egliſe Anglicane dans cette Province*, juſqu'à la Cour qui doit être tenue au mois de Novembre de la préſente année dans le Comté où ſa Paroiſſe eſt ſituée, en tout ou en partie, ou pour le tems qu'il aura demeuré & exercé les fonctions dans ſa Paroiſſe.

XXXIV.

TOUT don, vente ou legs de terres à un Miniſtre enſeignant publiquement, ou prêchant l'Evangile en ſa qualité de Miniſtre, ou à quelque ſecte, ordre ou dénomination religieuſe que ce ſoit ; tout don, vente ou legs de terres, ou pour l'entretien, uſage ou profit d'un Miniſtre, ou pour lui être remis en tant que Miniſtre, enſeignant publiquement ou prêchant l'Evangile, ou en faveur de quelque ſecte, ordre ou dénomination religieuſe ; tout don ou vente de meubles & effets pour être recueillis éventuellement, ou pour avoir lieu après la mort du vendeur ou du donateur, à la destination de l'entretien, usage ou profit du Ministre, en cette qualité de Ministre enseignant publiquement ou prêchant l'Evangile, ou de quelque secte, ordre ou dénomination religieuse, seront nuls, s'ils sont faits sans la permission de la Législature, à l'exception toutefois des dons, ventes, baux & legs de terrains non excédant deux acres pour une Eglise, lieu d'assemblée ou autre maison de culte, & aussi pour cimetiere, lesquels terrains pourront être améliorés, possédés & employés uniquement à ces usages; faute de quoi les dons, vente, bail ou legs seront nuls.

XXXV.

IL ne doit être exigé, pour être admis à quelqu'emploi que ce soit de profit ou de maniement, d'autre épreuve ou qualification, qu'un serment de maintenir cet Etat & de lui garder fidélité, & un serment d'Office, tels que la présente Convention ou la Législature de cet Etat les auront ordonnés, & aussi une déclaration de croyance à la Religion Chrétienne.

XXXVI.

LA maniere de faire prêter ferment à une perfonne doit être telle que ceux de la croyance, profeffion ou dénomination religieufe dont eft cette perfonne, la regardent en général comme la confirmation la plus forte de ce qu'on avance par le témoignage invoqué de l'Etre Divin. Les hommes appellés *Quakers*, ceux appellés *Dunkers* & ceux appellés *Memnoniftes*, qui ne fe croient pas permis de faire de ferment dans aucune occafion, doivent être reçus à faire leur affirmation folemnelle de la même maniere que les Quakers ont été reçus jufqu'à préfent à affirmer; & leur affirmation doit être de même valeur que le ferment dans tous ces cas, ainfi que celle des Quakers a été reçue & acceptée dans cet Etat pour tenir lieu du ferment. On pourra même fur cette affirmation décerner des *warrans* pour la recherche des effets volés, ou pour la capture & l'emprifonnement des délinquans, comme auffi obliger à donner caution de ne point caufer de dommage; & les Quakers, Dunkers ou Memnoniftes devront auffi, fur leur affirmation folemnelle, comme il a été dit ci-devant, être admis en témoignage dans toutes les procédures criminelles non capitales.

XXXVII.

LA Cité d'Anapolis confervera tous fes droits, privileges & avantages, conformément à fa Charte, & aux actes d'affemblée qui les ont confirmés & réglés, fous la réferve néanmoins des changemens que la préfente Convention ou la Légiflature pourront y faire à l'avenir.

XXXVIII.

LA liberté de la preffe doit être inviolablement confervée.

XXXIX.

LES privileges exclufifs font odieux, contraires à l'efprit du Gouvernement libre & aux principes du commerce, & ne doivent point être foufferts.

XL.

IL ne doit être accordé dans cet Etat, ni titre de nobleffe, ni honneurs héréditaires.

XLI.

LES résolutions actuellement fub-
fiftantes de la préfente & de toutes
les autres conventions tenues pour
cette Colonie, doivent avoir force
de Loix, à moins qu'elles ne foient
changées par la préfente Convention
ou par la Légiflature de cet Etat.

XLII.

LA préfente déclaration des droits,
ni la forme du Gouvernement qui
fera établie par la préfente Convention, ni aucune partie de l'une des
deux ne devront être corrigées, changées ou abrogées par la Légiflature de
cet Etat, que de la maniere que la préfente Convention le prefcrira & l'ordonnera.

La préfente déclaration des droits
a été confentie & arrêtée dans la
Convention des Délégués des Hommes libres du Maryland, commencée
& tenue à Anapolis le 14 d'Août de
l'an de grace 1776.

Par ordre de la Convention.

Signé, MATHIEU TILGHMAN,
Préfident.

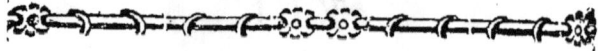

CONSTITUTION

ET *forme de Gouvernement*, arrêtée par les *Délégués du MARYLAND*, af-*femblés en pleine & libre Convention.*

Section premiere (1).

LA Légiflature fera compofée de deux Chambres diftinctes, *un Sénat & une Chambre des Délégués*, qui, réunis, s'appelleront *l'Affemblée générale du Maryland.*

Section feconde.

LA Chambre des Délégués ferà choifie de la maniere fuivante: tous les Hommes libres au-deffus de l'âge de vingt-un ans, ayant une franche tenue de cinquante acres de terre dans le Comté pour lequel ils prétendront

---

(1) Le mot de *fection* fignifie dans la plupart des Loix Angloifes, ce que nous appellons en François *article*. Peut-être avec plus de raifon, fi dans ce qui eft ici appellé *fection* il fe trouve plufieurs points qu'on puiffe qualifier d'articles.

voter, & y résidant ; & tous les
Hommes libres, ayant du bien dans
cet Etat pour une valeur au-dessus de
trente livres, argent courant, &
ayant résidé dans le Comté pour lequel ils prétendront voter, une année
entiere, immédiatement avant l'élection, auront droit de suffrage dans
l'élection des Délégués pour ce Comté ; & tous les Hommes libres, ainsi
qualifiés, s'assembleront le premier
Lundi d'Octobre 1777, à pareil jour
à l'avenir chaque année, dans la maison commune desdits Comtés, ou
dans tel autre lieu que la Législature
ordonnera ; & lorsqu'ils seront assemblés, ils procéderont de vive voix
à l'élection de quatre Délégués pour
leurs Comtés respectifs, parmi les
plus sages, les plus sensés & les plus
prudens du Peuple, ayant résidé dans
le Comté pour lequel ils seront choisis
une année entiere immédiatement
avant l'élection, ayant plus de vingt-
un ans, & possédant dans l'Etat, en
biens réels & personnels, une valeur
au-dessus de cinq cens livres, argent
courant ; & après que le compte définitif des voix sera terminé, les quatre

perfonnes qui fe trouveront avoir le plus grand nombre de fuffrages légitimes, feront déclarées & dénommées dans le procès-verbal en forme, comme duement élues pour leurs Comtés refpectifs (1).

Section troifieme.

LE Shériff de chaque Comté, ou, en cas de maladie du Shériff, fon Député (Lieutenant) (appellant deux Juges dudit Comté, néceffaires pour veiller au maintien de la tranquillité), fera Juge de l'élection, & pourra l'ajourner d'un jour à l'autre, s'il eft néceffaire, jufqu'à ce qu'elle foit finie, de maniere que toute l'élection foit terminée en quatre jours; & il en remettra le procès-verbal, figné de fa main, au Chancelier de cet Etat alors en charge.

(1) En Maryland, les élections, hors celles au fcrutin, ne fe font point par le moyen des boules ou billets écrits; chaque Electeur donne fon fuffrage de vive voix. Le Greffier tient un état du nom des votans, & du nombre des voix pour chaque candidat; &, la vocation finie, on en fait le compte définitif.

Section quatrieme.

TOUTES les personnes qualifiées, par la Charte de la Cité d'Anapolis pour élire des Bourgeois Représentans, s'assembleront de même le premier lundi d'Octobre 1777, & à pareil jour à l'avenir chaque année, & éliront à la pluralité des suffrages donnés de vive voix, deux Délégués qualifiés, conformément à ladite charte. Le Maire, les Assesseurs & les *Aldermans* de ladite Ville, tous ensemble, ou au moins trois d'entr'eux feront Juges de l'Election, & désigneront le lieu de la Ville où elle devra se faire ; ils pourront l'ajourner d'un jour à l'autre, ainsi qu'il a été dit à l'article précédent, & en feront leur procès-verbal pareillement comme ci-dessus ; mais les Habitans de ladite Cité n'auront pas droit de suffrage à l'élection des Délégués, pour le Comté d'Anne Arundel, à moins qu'ils n'aient une franche-tenue de cinquante acres de terre dans le Comté & hors de la Ville.

Section cinquieme.

(1) TOUTES les perfonnes, habitant la Ville de Baltimore, & ayant toutes les qualités exigées pour les Electeurs dans les Comtés, s'affembleront auffi le premier lundi d'Octobre 1777, & à pareil jour à l'avenir, chaque année, dans le lieu de ladite Ville que les Juges défigneront, & éliront à la pluralité des fuffrages donnés de vive

---

(1) La différence des titres de *Cité* & de *Ville*, en Anglois *City* & *Town*, dont le premier eft donné à *Anapolis*, & le fecond à *Baltimore*, tient à la Charte d'incorporation. La *Ville* eft un affemblage de maifons qui ne differe des Villages que par le nombre de fes habitans, & dont l'état n'eft déterminé par aucune Charte. Ici le privilege d'envoyer des Délégués en fon nom, eft accordé à la *Ville* de Baltimore, en confidération de fa nombreufe population, & cefferoit de droit avec elle. Mais la *Cité* reçoit par fa Charte une qualité durable, & un état folide. Cette diftinction tirée auffi des ufages d'Angleterre, eft au fond affez infignifiante ; auffi-tôt qu'une *Ville* devient confidérable, on lui donne une Charte pour la qualifier de *Cité* ; & fi une *Cité* fe dépeuploit, la raifon exigeroit que l'on lui fit perdre un privilege qui deviendroit un abus.

voix, deux Délégués qualifiés, comme il eſt dit ci-deſſus. Mais ſi le nombre des Habitans de ladite Ville diminuoit, au point que le nombre de perſonnes y ayant droit de ſuffrage fût pendant l'eſpace de ſept années conſécutives moindre que la moitié du nombre des votans dans quelqu'un des Comtés de cet Etat; à compter de cette époque, cette Ville ceſſeroit d'envoyer deux Délégués ou Repréſentans dans la Chambre des Délégués, juſqu'à ce que ladite Ville ſe trouvât avoir un nombre de Votans égal à la moitié de celui des Votans de quelqu'un des Comtés dudit Etat.

Section ſixieme.

LES Commiſſaires de ladite Ville, tous ou trois, ou un plus grand nombre d'entr'eux, actuellement en Charge, ſeront Juges de ladite Election, pourront l'ajourner, & en feront leur procès-verbal, comme il a été dit ci-deſſus; mais les Habitans de ladite Ville n'auront point titre pour élire, ni pour être élus Délégués pour le Comté de Baltimore;

& réciproquement les Habitans du Comté de Baltimore, hors des limites de ladite Ville, n'auront point titre pour élire ni pour être élus Délégués pour la Ville de Baltimore.

Section septieme.

EN cas de refus, mort, inaptitude, démission ou absence hors de l'Etat de quelque Délégué, ainsi que dans le cas où il seroit fait Gouverneur ou Membre du Conseil, l'Orateur expédiera un ordre d'élire un autre Délégué pour remplir la place vacante; & il sera donné connoissance de cette nouvelle élection à faire, dix jours à l'avance, non compris le jour de l'avertissement, ni celui de l'élection.

Section huitieme.

IL faudra toujours la présence de la pluralité du nombre total des Délégués avec leur Orateur, (qu'ils choisiront au scrutin) pour établir l'autorité de la Chambre, & la mettre en état de traiter quelqu'affaire que ce soit, excepté de s'ajourner,

Section neuvieme.

LA Chambre des Délégués jugera des élections & de l'aptitude des Délégués.

Section dixieme.

LA Chambre des Délégués pourra faire en premiere instance tous les Bills de levée d'argent, proposer des Bills au Sénat, ou recevoir ceux qui lui seront envoyés par ce Corps ; y donner son consentement, les rejetter ou y proposer des corrections : elle pourra informer, d'après le serment des témoins, sur toutes les plaintes, griefs & délits, & fera toutes les fonctions de *Grand Enquêteur de cet Etat* (1) : elle pourra faire conduire toutes personnes pour toute espece de crimes dans les prisons publiques, où elles demeureront jusqu'à ce qu'elles aient été déchargées d'après une procédure réguliere ; elle pourra expulser qui que ce soit de

_____

(1) Le grand Enquêteur est chargé d'instruire tous les crimes contre l'Etat, comme le grand Juré d'instruire tous les crimes contre les loix, dans son district.

ſes Membres pour malverſation grave, mais jamais une ſeconde fois pour la même cauſe ; elle pourra examiner & arrêter tous les comptes de l'Etat, relatifs à la perception, ſoit à la dépenſe des revenus, ou nommer des Auditeurs pour les régler & les aputer ; elle pourra ſe faire repréſenter tous les papiers ou regiſtres publics ou des différens Offices, & mander les perſonnes qu'elle jugera néceſſaires dans les cours des recherches concernant les affaires relatives à l'intérêt public ; elle pourra, à l'égard de tous les engagemens contractés de remplir un ſervice public ſous le dédit d'une ſomme payable au profit de l'Etat, faire pourſuivre en Juſtice, pour le paiement, ceux qui n'auront point rempli le devoir auquel ils ſe feront engagés.

Section onzieme.

AFIN que le Sénat puiſſe être pleinement & parfaitement en liberté de ſuivre ſon propre jugement, en paſſant les Loix, & afin qu'il ne puiſſe pas être forcé par la Chambre des Délégués, ſoit à rejetter un Bill de levée

levée d'argent, que les circonstances
rendroient nécessaire, soit à consentir quelqu'autre acte de législation,
qu'il regarderoit dans sa conscience
& suivant son jugement comme nuisible à l'intérêt public, la Chambre
des Délégués ne devra dans aucune
occasion, ni sous aucun prétexte,
annexer à aucun Bill de levée d'argent,
ni mêler dans sa teneur aucune matiere, clause ou autre chose quelconque, qui ne soit immédiatement
relative & nécessaire à l'imposition,
assiette, levée ou destination des
taxes ou subsides qui doivent être
levés pour le maintien du Gouvernement, ou pour les dépenses courantes de l'Etat. Et pour prévenir
toute altercation sur ces Bills, il est
déclaré qu'aucuns Bills qui impo-
seront des droits ou des douanes
purement pour réglement de commerce, ou qui infligeront des amendes pour la réforme des mœurs, ou
pour fortifier l'exécution des Loix,
quoiqu'il doive provenir de leurs
dispositions un revenu accidentel,
ne seront cependant pas sensés *Bills
de levée d'argent*; mais tous Bills pour

K

affeoir, lever ou deftiner des taxes pour le maintien du Gouvernement ou pour les dépenfes courantes de l'Etat, ou pour verfer des fommes dans le Tréfor public, feront véritablement regardés comme *Bills de levée d'argent.*

Section douzieme.

LA Chambre des Délégués pourra punir de la prifon toute perfonne qui fe fera rendue coupable de manque de refpect en fa préfence, par quelqu'action de défordre ou querelle, ou par des menaces, ou par de mauvais traitemens à quelqu'un de fes Membres, ou enfin en apportant obftacle à fes délibérations; elle pourra auffi punir de la même peine toute perfonne coupable d'infraction à fes privileges, en faifant arrêter pour dettes, (1) ou en attaquant quelqu'un de fes Membres durant la feffion ou dans fa route, foit pour

---

(1) Les Membres de la Légiflature ne peuvent point être pourfuivis perfonnellement pour dettes, mais ils ne font point exempts de pourfuite pour matiere criminelle.

s'y rendre, soit pour retourner chez
lui ; en attaquant quelqu'un de ses
Officiers, ou en les troublant dans
l'exécution de quelqu'ordre, ou dans
la poursuite de quelque procédure ;
en attaquant ou troublant tout témoin ou autre personne mandée par
la Chambre, dans sa route, soit pour
s'y rendre, soit pour s'en retourner ;
ou enfin, en délivrant quelque personne arrêtée par ordre de la Chambre ; & le Sénat aura les mêmes pouvoirs dans les cas semblables.

Section treizieme.

LES Trésoriers (un pour la Côte
de l'Ouest, & un autre pour celle
de l'Est) & les Commissaires de l'Office du Prêt Public, seront choisis
par la Chambre des Délégués pour
remplir ces emplois tant qu'elle le
jugera à propos ; & en cas de refus,
mort, démission, défaut ou perte
des qualités requises, ou absence hors
de l'Etat de quelqu'un desdits Commissaires ou Trésoriers pendant la
vacance de l'Assemblée générale, le
Gouverneur, de l'avis du Conseil,
pourra nommer & breveter une per-

K ij

fonne convenable & propre à l'emploi vacant pour l'exercer jufqu'à la prochaine feffion de l'Affemblée générale,

Section quatorzieme,

LE Sénat fera choifi de la maniere fuivante ; toutes perfonnes qualifiées, comme il a été dit ci-deffus, pour voter à l'élection des Délégués dans les Comtés, éliront, le premier lundi de Septembre mil fept cent quatre-vingt un, & à pareil jour à l'avenir tous les cinq ans, de vive voix & à la pluralité des fuffrages, deux perfonnes pour leurs Comtés refpectifs, qualifiées, comme il eft dit ci-deffus, pour être élues Délégués dans les Comtés ; & ces perfonnes ainfi choifies feront *Electeurs du Sénat.* Le Shériff de chaque Comté, ou en cas de maladie du Shériff, fon Députié, (appellant deux Juges du Comté, néceffaires pour veiller au maintien de la tranquilité) préfidera ladite élection, en fera juge, & en fera fon procès-verbal comme il a été dit ci-deffus. Et toutes les perfonnes qualifiées, comme il a été dit, pour

vôter à l'élection des Délégués dans
la Cité d'Annapolis & la Ville de Baltimore, le même premier Lundi de
Septembre mil sept cent quatre-vingt-
un, & à pareil jour à l'avenir tous
les cinq ans, éliront de vive voix,
à la pluralité des suffrages, un sujet
pour chacune desdites Cité & Ville
respectivement, qualifié, comme il a
été dit ci-dessus, pour être élu Délégué desdites Cité & Ville respectivement; ladite élection se tiendra
de la même maniere que celle pour
les Délégués desdites Cité & Ville,
& le droit de choisir ledit Electeur,
demeurera à la Ville de Baltimore,
aussi long-tems que le droit d'élire
des Délégués pour elle-même.

Section quinzieme.

LESDITS Electeurs du Sénat s'as-
sembléront dans la Cité d'Annapolis
ou dans tel autre lieu qui sera dé-
signé pour l'Assemblée de la Législature, le troisieme lundi de Septembre mil sept cent quatre-vingt-un,
& à pareil jour à l'avenir tous les
cinq ans; & eux tous ou vingt-quatre
d'entr'eux ainsi assemblés procéde-

K iij

ront à élire au scrutin, soit parmi
eux, soit dans l'universalité du Peuple, quinze Sénateurs, (dont neuf
résidans à la Côte de l'Ouest & six
à celle de l'Est) hommes les plus distingués par leur sagesse, expérience &
vertu, au-dessus de vingt-cinq ans,
ayant résidé dans l'Etat plus de trois
années entieres immédiatement avant
l'Election, & y possédant en biens
réels ou personnels une valeur de
plus de mille livres argent courant.

Section seizieme.

LES Sénateurs seront ballottés dans
un seul & même tour, & des personnages résidans à la Côte de l'Ouest
qui seront proposés pour Sénateurs,
les neuf qui, à l'ouverture des scrutins, se trouveront avoir le plus de
suffrages en leur faveur, seront en
conséquence déclarés duement élus;
& il en sera dressé procès-verbal :
& des Sujets résidans à la côte de
l'Est, qui seront proposés pour Sénateurs, les six qui, à l'ouverture des
scrutins, se trouveront avoir le plus
grand nombre de suffrages en leur
faveur, seront en conséquence dé-

clarés duement élus, & il en fera
dreffé procès-verbal : fi deux Sujets
ou plus de la même Côte, ont un
égal nombre de fuffrages, ce qui em-
pêcheroit que le choix ne fût déterminé dans le premier ballottage,
alors les Electeurs feront, avant de
fe féparer, un nouveau tour dans
lequel ils feront bornés aux perfonnes qui ont eu un nombre égal
de fuffrages; & ceux qui en auront
la plus grande quantité dans ce fecond
ballottage, feront en conféquence
déclarés duement élus, & il en fera
dreffé procès-verbal : mais fi le nombre
total des Sénateurs n'étoit pas fait de
cette maniere, parce que deux ou
plus de deux Sujets auroient encore
en leur faveur une égale quantité
de fuffrages dans le fecond tour, alors
l'élection fe décideroit par le fort
entre ceux qui auroient eu cette égalité ; il fera dreffé un procès-verbal,
certifié & figné par les Electeurs, de
la maniere dont ils auront procédé,
& dont toute l'élection fe fera paffée,
pour être ce procès-verbal remis au
Chancelier en Charge.

K iv

Section dix-septieme.

LES Electeurs des Sénateurs jugeront des qualités & de la validité des élections des Membres de leur Corps, & s'il y a contestation pour une élection, ils admettront à siéger comme Electeur, le Sujet ayant les qualités requises, qui leur paroîtra avoir en sa faveur le plus grand nombre de suffrages légitimes.

Section dix-huitieme.

LES Electeurs, au moment même où ils s'assembleront, & avant de procéder à l'élection des Sénateurs, feront le serment de maintenir cet Etat, & de lui garder fidélité, tel qu'il sera ordonné par la présente Convention, ou par la Législature; & en outre un serment d'élire sans faveur, partialité ni prévention, pour Sénateurs, les personnes qu'ils croiront d'après leur jugement & leur conscience, les plus capables de cet Office.

Section dix-neuvieme.

EN cas de refus, mort, démission, défaut des qualités requises, ou absence hors de cet Etat de quelque Sénateur, ou s'il devient Gouverneur ou Membre du Conseil, le Sénat élira sur le champ ou à sa prochaine séance, par la voie du scrutin & de la même maniere qu'il est ordonné aux Electeurs pour le choix des Sénateurs, une autre personne à la place vacante, pour le reste dudit terme de cinq ans.

Section vingtieme.

Il faudra toujours la présence de la pluralité du nombre total des Sénateurs, avec leur Président (qui doit être élu par eux au scrutin) pour établir l'activité de la Chambre, & la mettre en état de traiter quelque affaire que ce soit, excepté de s'ajourner.

Section vingt-unieme.

Le Sénat jugera des qualités & de la validité des élections des Sénateurs.

Section vingt-deuxieme.

Le Sénat pourra faire en premiere instance toutes especes de Bills, excepté ceux de levée d'argent, qu'il devra consentir ou rejetter purement & simplement, & il pourra recevoir tous autres Bills de la Chambre des Délégués, & les consentir ou re-

K v

jetter ou y propofer des corrections.

Section vingt-troisieme.

L'ASSEMBLÉE générale s'assemblera chaque année le premier lundi de Novembre, & plus souvent s'il est nécessaire.

Section vingt-quatrieme.

CHACUNE des deux Chambres nommera ses Officiers, & établira ses réglemens & ses manieres de procéder.

Section vingt-cinquieme.

LE second lundi de Novembre mil sept cent soixante dix-sept, & à pareil jour à l'avenir chaque année, il sera choisi par le scrutin réuni des deux Chambres une personne de sagesse, expérience & vertu reconnues pour être Gouverneur : le scrutin se prendra dans chaque Chambre respectivement ; il sera déposé dans la salle de conférence, où les boîtes seront examinées par un Comité réuni de chacune des deux Chambres ; & il sera fait à chacune un rapport séparé du nombre des voix, afin que la nomination puisse y être enregistrée ; cette maniere de prendre le

scrutin réuni des deux Chambres sera
adoptée pour tous les cas. Mais si deux
ou plusieurs Sujets ont un égal nombre de suffrages en leur faveur, &
qu'ainsi l'élection ne puisse être décidée par le premier ballottage, on
procédera à un second qui sera res-
treint aux Sujets, qui dans le premier
auront eu un nombre égal de suffrages; & si ce second ballottage pro-
duisoit encore une égalité entre deux
ou plusieurs Sujets, alors l'élection
du Gouverneur se décideroit par le
sort entre ceux qui auroient eu cette
égalité: si le Gouverneur vient à mourir, s'il se démet, s'il s'absente de
l'Etat, ou s'il refuse d'agir (durant
la Session de l'Assemblée générale)
le Sénat & la Chambre des Délégués procéderont sur le champ à une
nouvelle élection en la maniere ci-
devant prescrite.

Section vingt-sixieme.

Le second lundi de Novembre mil
sept cent soixante-dix-sept, & à pareil jour à l'avenir chaque année,
les Sénateurs & Délégués éliront par
leurs scrutins réunis, & en la ma-

niere prescrite pour l'élection des
Sénateurs, cinq Sujets les plus sages,
les plus prudens & les plus expé-
rimentés, ayant plus de vingt-cinq
ans, résidans dans l'Etat depuis plus
de trois ans immédiatement avant l'é-
lection, & ayant une franche tenue
en terres & biens fonds d'une valeur
de plus de mille livres argent courant; ces cinq personnages seront le
conseil du Gouverneur. Tous les
actes & délibérations de ce Conseil
seront couchés sur un registre, sur
toute partie duquel tout Membre
aura toujours le droit d'écrire son
vœu contraire à celui qui aura passé,
& si le Gouverneur ou quelqu'un
des Membres le requiert, les avis seront donnés par écrit, & signés respectivement par les Membres qui les
auront donnés. Le registre des délibérations du Conseil sera repré-
senté au Sénat ou à la Chambre des
Délégués, quand il sera demandé,
soit par les deux Chambres, soit par
l'une des deux. Le Conseil pourra
nommer son Clerc (*Greffier*) qui devra prêter le serment de maintenir
cet Etat & de lui garder fidélité, tel

qu'il sera ordonné par la présente
Convention ou par la Légiflature,
& en outre le serment du secret dans
les matieres qu'il lui sera ordonné
par le Conseil de tenir cachées.

Section vingt-septieme.

Les Délégués de cet Etat au Congrès seront choisis annuellement, ou
révoqués & remplacés dans l'intervalle par le scrutin réuni des deux
Chambres de l'assemblée, & il sera
établi une rotation, de maniere que
tous les ans il y en ait au moins deux
sur la totalité de changés ; personne
ne pourra être Délégué au Congrès
plus de trois années sur six ; & aucune
personne revêtue de quelqu'emploi
de profit à la nomination du Congrès, ne pourra être éligible pour y
être Délégué : si même un Délégué est
nommé à quelqu'un de ces emplois,
sa place au Congrès vaquera par le
seul fait. Aucune personne ne sera
éligible pour Délégué au Congrès, à
moins d'avoir résidé dans l'Etat plus
de cinq années, immédiatement avant
l'élection, & de posséder dans cet
Etat en biens réels ou personnels une

valeur de plus de mille livres, argent
courant.

Section vingt-huitieme.

LES Sénateurs ou Délégués, en
ouvrant leur session annuelle, &
avant de procéder à aucune affaire,
& toute personne élue dans la suite
Sénateur ou Délégué, avant d'exercer aucune fonction, prêteront le
serment de maintenir cet Etat & de
lui garder fidélité, comme il a été dit
ci-dessus; & avant l'élection du Gouverneur ou des Membres du Conseil,
ils en prêteront un autre d'élire sans
faveur, affection, ni motif de parti,
pour Gouverneur ou Membre du
Conseil, la personne qu'ils croiront
en conscience & dans leur jugement
la plus capable de remplir ces emplois.

Section vingt-neuvieme.

LE Sénat & la Chambre des Délégués pourront s'ajourner respectivement eux-mêmes; mais si les deux
Chambres ne s'accordent pas pour le
même tems & s'ajournent à des jours
différens, alors le Gouverneur indiquera & notifiera l'un de ces jours ou

un jour intermédiaire ; & l'Assemblée
se tiendra en conséquence de sa décision ; le Gouverneur, dans les cas
de nécessité, pourra, de l'avis du
Conseil, convoquer l'Assemblée pour
un terme plus prochain que celui auquel elle seroit ajournée, de quelque
maniere que ce fût, en donnant avis
de sa convocation au moins dix jours
à l'avance ; mais le Gouverneur n'a-
journera pas l'assemblée autrement
qu'il ne vient d'être dit, & il ne
pourra dans aucun tems la proroger
ni la dissoudre.

Section trentieme.

PERSONNE ne sera éligible à l'emploi de Gouverneur, à moins d'avoir
plus de vingt-cinq ans, d'avoir résidé
dans cet Etat plus de cinq années,
immédiatement avant l'élection, &
de posséder dans l'Etat en biens réels
& personnels une valeur de plus de
cinq mille livres, argent courant,
dont mille livres au moins en franche-
tenue.

Section trente-unieme.

LE Gouverneur ne pourra pas être
continué dans sa charge pendant plus

de trois années consécutives, & il ne
pourra être élu de nouveau comme
Gouverneur qu'après quatre années
révolues depuis sa sortie de cette
charge.

Section trente-deuxieme.

EN cas de mort, de démission du
Gouverneur, où en cas qu'il s'absente
hors de l'Etat, celui des Membres,
composant actuellement le Conseil,
qui aura été nommé le premier,
remplira les fonctions de Gouverneur, après avoir prêté les sermens
requis ; mais il convoquera sur le
champ l'Assemblée générale, en donnant avis de sa convocation qua-
torze jours au moins à l'avance ; &
à cette session il sera nommé, en la
maniere ci-devant prescrite, un Gouverneur pour le reste de l'année.

Section trente-troisieme.

LE Gouverneur, avec & de l'avis
& consentement du Conseil, pourra
assembler la Milice , & quand elle
sera assemblée, il en aura seul la direction, & il aura aussi la direction
de toutes les troupes réglées de terre

& de mer, en se conformant aux Loix de l'Etat ; mais il ne commandera pas en personne, à moins d'y être autorisé par l'avis du Conseil, & pas plus long-tems que le Conseil ne l'approuvera ; il pourra faire seul tous les autres actes de la Puissance exécutrice du Gouvernement, pour lesquels le concours du Conseil n'est pas requis, en se conformant aux Loix de l'État, & accorder répit ou grace pour quelque crime que ce soit, excepté dans les cas pour lesquels la Loi en ordonnera autrement ; il pourra, dans la vacance de l'assemblée générale, mettre des embargo pour empêcher le départ de quelque navire, ou l'exportation de quelques denrées pour un terme qui n'excédera pas trente jours dans un année, & à la charge de convoquer l'Assemblée générale dans le tems de la durée de l'embargo ; il pourra aussi ordonner à un vaisseau de faire quarantaine & l'y contraindre, si ce vaisseau & le port d'où il viendra sont suspects avec fondement d'être infectés de la peste ; mais le Gouverneur n'exercera, sous aucun prétexte, aucune autorité, & ne s'arrogera aucune prérogative en vertu d'aucune Loi, Statut ou Coutume de l'Angleterre ou de la Grande-Bretagne.

Section trente-quatrieme.

LES Membres du Conseil, assemblés au nombre de trois ou davantage, formeront un Bureau compétent pour traiter les affaires ; le Gouverneur en charge présidera le Conseil, & aura droit de donner sa voix sur toutes les questions où il y aura partage d'opinions dans le Conseil ; & en l'absence du Gouverneur, le Membre du Conseil, premier nommé, présidera, & en cette qualité votera dans tous les cas où les opinions des autres Membres seront partagées.

Section trente-cinquieme.

EN cas de refus, mort, démission, défaut de qualités requises ou absence hors de l'Etat, de quelqu'une des personnes élues Membres du Conseil, les autres Membres éliront sur le champ, ou à leur prochaine séance, par la voie du scrutin, une autre personne qualifiée, comme il a été pres-

crit ci-deſſus, pour remplir la place
vacante pendant le reſte de l'année.

Section trente-ſixieme.

LE Conſeil aura le pouvoir d'ordonner le grand ſceau de cet Etat qui
ſera ſous la garde du Chancelier en
charge, & appoſé à toutes les Loix,
commiſſions, conceſſions & autres
expéditions publiques, comme il a
été pratiqué juſqu'à préſent dans cet
Etat.

Section trente-ſeptieme.

AUCUN Sénateur, Délégué de l'Aſſemblée ou Membre du Conſeil, s'il
accepte & prête ſerment en cette qualité, ne poſſédera, ni n'exercera aucun
emploi lucratif, & ne recevra les
profits d'aucun emploi exercé par
toute autre perſonne, pendant le tems
pour lequel il ſera élu; aucun Gouverneur, tant qu'il ſera en charge,
ne pourra poſſéder aucun emploi lucratif dans cet Etat; & aucune perſonne revêtue d'un emploi lucratif,
ou en recevant une portion des profits, ou recevant en tout ou en partie
les profits réſultans de quelques commiſſion, marché ou entremiſe quel-

conque, pour l'habillement ou autres fournitures de l'armée de terre ou de la marine, ou revêtue de quelqu'emploi fous l'autorité, foit des Etats-Unis, foit de quelqu'un d'entr'eux, ni aucun Miniftre ou Prédicateur de l'Evangile de quelque fecte que ce foit, ni aucune perfonne employée, foit dans les troupes réglées de terre, foit dans la marine de cet Etat ou des Etats-Unis, ne pourront fiéger dans l'Affemblée générale, ni dans le Confeil de cet Etat.

Section trente-huitieme.

TOUT Gouverneur, Sénateur, Délégué au Congrès ou à l'Affemblée, & tout Membre du Confeil, avant de commencer l'exercice de leurs fonctions, prêteront ferment de ne recevoir directement ni indirectement, ni dans aucun teins, aucune partie des profits d'aucun emploi poffédé par quelqu'autre perfonne que ce foit, tant qu'ils exerceront les fonctions de leur Office de Gouverneur, Sénateur, Délégué au Congrès ou à l'Affemblée, ou de Membre du Confeil, & de ne recevoir, ni en tout

ni en partie, les profits réfultans d'aucune commiffion, marché ou entre-
mife quelconque, pour l'habillement
ou autres fournitures de l'armée de
terre ou de la marine.

Section trente-neuvieme.

Si quelque Sénateur, Délégué au
Congrès ou à l'Affemblée, ou Membre du Confeil, poffede ou exerce
quelqu'emploi lucratif, ou touche,
foit directement, foit indirectement,
en tout ou en partie, les profits d'un
emploi exercé par une autre perfonne,
pendant le tems qu'il exercera les
fonctions de Sénateur, Délégué au
Congrès ou à l'Affemblée, ou de
Membre du Confeil, il fera, d'après
la conviction, dans une Cour de Loi,
fur le ferment de deux témoins
croyables, privé de fa place, puni
comme coupable de corruption &
de parjure volontaire, ou banni à
perpétuité de cet Etat, ou déclaré à
jamais incapable de poffeder aucun
emploi de profit ou de confiance,
fuivant que la Cour en décidera.

Section quarantieme.

Le Chancelier, tous les Juges, le

Procureur Général, les Clercs de la
Cour générale, ceux des Cours de
Comtés, les Gardes des regiſtres de
conceſſion de terre, & ceux des regiſtres des teſtamens, conſerveront
leur charge tant qu'ils ſe conduiront
bien, & ne ſeront révocables que
pour mauvaiſe conduite, & après
conviction dans une Cour de Loi.

Section quarante-unieme.

IL ſera nommé pour chaque Comté
un Garde des regiſtres des teſtamens,
lequel recevra ſa commiſſion du Gouverneur, ſur la préſentation réunie
du Sénat & de la Chambre des Délégués; & en cas de mort, démiſſion,
deſtitution ou abſence hors du Comté
d'un Garde du regiſtre des teſtamens
pendant la vacance de l'Aſſemblée
générale, le Gouverneur, de l'avis
du Conſeil, pourra nommer & breveter une perſonne convenable &
propre à l'emploi vacant, pour
l'exercer juſqu'à la ſeſſion de l'Aſſemblée générale.

Section quarante-deuxieme.

LES Shériffs ſeront élus tous les

trois ans au scrutin dans chaque
Comté, c'est-à-dire, qu'on élira
pour l'office de Shériff deux Sujets
pour chaque Comté ; & celui des deux
qui aura eu la pluralité des voix, ou
si tous deux en ont eu un nombre
égal, l'un des deux, à la volonté du
Gouverneur, recevra de lui la commission dudit office ; après l'avoir
rempli pendant trois ans, il ne pourra
pas être élu de nouveau pendant les
quatre années suivantes. Le Sujet élu
fournira, suivant l'usage, son obligation cautionnée de payer une somme
fixée, s'il manque à remplir fidelement son office ; & nul ne pourra
exercer les fonctions de Shériff, avant
d'avoir fourni cette obligation. En
cas de mort, refus, démission, défaut
des qualités requises, ou d'absence
hors du Comté, avant l'expiration
des trois années, le Sujet second élu,
comme il a été dit ci-dessus, recevra
du Gouverneur une commission pour
exercer ledit office pendant le reste
desdites trois années, en fournissant
son obligation cautionnée, comme
il a été dit ci-dessus; & en cas de
mort, refus, démission de ce der-

nier, défaut des qualités requifes,
ou d'abfence hors du Comté, avant
l'expiration defdites trois années, le
Gouverneur, de l'avis du Confeil,
pourra nommer & breveter une perfonne convenable & propre à cet
office, pour l'exercer pendant le refte
des trois ans, à la charge par elle de
fournir, comme il a été dit ci-deffus,
fon obligation cautionnée. L'élection
des Shériffs fe fera dans le même lieu
& au même tems indiqués pour celle
des Délégués, & les Juges mandés
pour veiller au maintien de la tranquillité, feront les Juges de cette
élection, & des qualités des Candidats; ceux-ci nommeront un Clerc
pour recueillir les bulletins. Tout
Homme libre ayant plus de vingt-un
ans, poffédant une franche-tenue de
cinquante acres de terre dans le
Comté pour lequel il prétendra voter,
& y réfidant, & tout Homme libre
au-deffus de vingt-un ans, ayant dans
l'Etat une propriété valant plus de
trente livres argent courant, & ayant
réfidé dans le Comté, pour lequel il
prétendra voter, une année entiere,
immédiatement avant l'élection, y
auront

auront droit de fuffrage. Perfonne ne pourra être élu Shériff pour un Comté, à moins d'être Habitant dudit Comté, d'avoir plus de vingt-un ans, & de poffeder dans l'Etat des biens réels ou perfonnels, valant plus de mille livres argent courant. Les Juges, dont il a déjà été parlé, examineront les bulletins, & les deux Candidats, ayant les qualités requifes, qui auront dans chaque Comté la pluralité de voix légales, feront déclarés dûement élus pour l'Office de Shériff de ce Comté ; & il en fera fait rapport au Gouverneur & au Confeil, à qui il fera envoyé en même tems un certificat du nombre des fuffrages qu'aura eus chacun d'eux.

Section quarante-troifieme.

TOUTE perfonne qui fe préfentera pour voter à l'élection, foit des Délégués, foit des Electeurs du Sénat, foit des Shériffs, devra (fi trois perfonnes ayant droit de fuffrage l'exigent) faire, avant d'être admife à voter, le ferment ou l'affirmation de maintenir cet Etat, & de lui garder fidélité, tels que la préfente Con-

L

vention ou la Législature l'auront
ordonné.

Section quarante-quatrieme.

UN Juge de paix pourra être élu
Sénateur, Délégué ou Membre du
Conseil, & continuer d'exercer
son Office de Juge de Paix.

Section quarante-cinquieme.

Aucun Officier d'Etat Major dans
la Milice ne pourra être élu Sénateur, Délégué ni Membre du Conseil.

Section quarante-sixieme.

TOUS les Officiers civils qui seront nommés à l'avenir pour les différens Comtés de cet Etat, devront
avoir résidé dans le Comté respectif
pour lequel ils seront nommés, pendant les six mois qui auront immédiatement précédé leur nomination,
& devront continuer d'y résider tant
qu'ils seront en place.

Section quarante-septieme.

LES Juges de la Cour générale,
& ceux des Cours de Comtés pourront nommer les Greffiers de leurs

Cours refpectives ; & en cas de refus, mort, démiffion, défaut des qualités requifes, ou abfence, foit hors de l'Etat, foit hors de leurs Cours ref-pectives, de Greffiers de la Cour gé-nérale ou de l'un d'entr'eux, ladite Cour étant en vacance ; & en cas de refus, mort, démiffion, défaut des qualités requifes, ou abfence hors du Comté de quelqu'un defdits Gref-fiers de Comté, la Cour à laquelle il eft attaché étant en vacance, le Gou-verneur, de l'avis du Confeil, pourra nommer & breveter une perfonne convenable, & propre à l'emploi vacant refpectivement, pour l'exer-cer jufqu'à la feffion de la prochaine Cour générale ou Cour de Comté, felon le cas.

Section quarante-huitieme.

LE Gouverneur en charge, de l'a-vis & confentement du Confeil, pourra nommer le Chancelier & tous les Juges de Paix, le Procureur gé-néral, les Officiers de Marine, les Officiers des troupes réglées de terre & de mer, les Commiffaires arpen-teurs, & tous les autres Officiers

Civils du Gouvernement (à l'exception feulement des Affeffeurs, des
Connétables, & des Infpecteurs des
chemins): il pourra auffi interdire ou
deftituer tout Officier Civil, dont la
commiffion ne portera pas qu'il confervera fon emploi tant qu'il fe con-
duira bien : il pourra interdire pour
un mois tout Officier de Milice, &
interdire ou deftituer tout Officier
des troupes réglées de terre ou de
mer ; enfin le Gouverneur pourra
interdire ou deftituer tout Officier de
Milice, en exécution du jugement
d'une Cour martiale.

Section quarante-neuvieme.

Tous les Officiers Civils à la nomination du Gouverneur & du Confeil, dont la commiffion ne devra
pas porter qu'ils conferveront leur
emploi tant qu'ils fe conduiront bien,
feront nommés annuellement dans la
troifieme femaine de Novembre ;
mais fi quelqu'un d'eux eft nommé
une feconde fois, il pourra continuer
fes fonctions fans avoir befoin ni de
recevoir une nouvelle commiffion,
ni de prêter de nouveau le ferment

de regle; & tout Officier, quoiqu'il n'ait pas été nommé de nouveau, continuera d'exercer jufqu'à ce que la perfonne nommée à fa place, & pourvue d'une commiffion, fe foit mife en regle.

Section cinquantieme.

LE Gouverneur, tout Membre du Confeil, & tout Juge & Juge de paix, avant d'exercer leurs fonctions, prêteront refpectivement ferment : que jamais ils ne voteront, pour la nomination, à aucun emploi par faveur, affection, ni motif de parti ; mais qu'ils donneront toujours leur fuffrage à la perfonne, que dans leur confcience, & d'après leur jugement, ils croiront la plus propre à l'emploi, & la plus capable de le remplir ; qu'ils n'ont point fait & ne feront aucune promeffe, qu'ils n'ont point pris & ne prendront aucun engagement de donner leur voix, ou d'employer leur crédit en faveur de qui que ce foit.

Section cinquante-unieme.

IL y aura deux Gardes des Regiſtres des conceſſions de terres, l'un ſur la côte de l'Oueſt & l'autre ſur celle de l'Eſt; il ſera fait, aux dépens du public, de brefs extraits des conceſſions, & certificats de reconnoiſſance & bornement des terreins, ſur les côtes de l'Oueſt & de l'Eſt, reſpectivement dans des livres ſéparés; & ils ſeront dépoſés au Greffe deſdits Gardes-Regiſtres, en la maniere qui ſera preſcrite à l'avenir par l'Aſſemblée générale.

Section cinquante-deuxieme.

TOUT Chancelier, Juge, Garde des Regiſtres des Teſtamens, Commiſſaire de l'Office du prêt public, Procureur général, Shériff, Tréſorier, Officier de Marine, Garde-Regiſtres des conceſſions de terres, Garde des Regiſtres de la Cour de Chancellerie, & tout Greffier des Cours de loi commune, Commiſſaire Arpenteur, Auditeur des comptes publics, avant de commencer l'exercice de ſes fonctions, prêtera ſerment qu'il ne recevra directement ni indirectement aucuns autres droits ni récompenſes pour rem-

plir fon emploi de ..... que ce qui
lui eft ou fera alloué par la loi: qu'il
ne touchera directement ni indirectement les profits, ni aucune partie
des profits d'aucun emploi poffédé
par quelqu'autre perfonne; & qu'il
ne tient pas fon propre emploi pour
le compte, ni comme mandataire de
perfonne.

Section cinquante-troifieme.

SI quelque Gouverneur, Chancelier, Juge, Garde des Regiftres des
teftamens, Procureur général, Garde
des Regiftres des conceffions de terres,
Commiffaire de l'Office du prêt public, Garde des Regiftres de la Cour
de Chancellerie, ou fi quelque Greffier des Cours de loi commune, Tréforier, Officier de Marine, Shériff,
Commiffaire Arpenteur ou Auditeur
des comptes publics, touche directement ou indirectement, dans quelque tems que ce foit, les profits ou
partie des profits de quelque emploi
poffédé par une autre perfonne, pendant le tems qu'il exercera l'emploi
auquel il a été nommé, fon élection,
fa nomination & commiffion feront

L iv

annullées d'après conviction dans une Cour de loi, sur le serment de deux témoins dignes de foi, & il sera puni comme coupable de corruption & de parjure volontaire, ou banni à perpétuité de cet Etat, ou déclaré à jamais incapable de posséder aucun emploi de profit ou de confiance, selon ce que la Cour en décidera.

Section cinquante-quatrieme.

Si quelque personne donne quelque présent, salaire ou récompense, ou quelque promesse ou sûreté de payer ou délivrer de l'argent ou quelqu'autre chose que ce soit, à l'effet d'obtenir ou de procurer à un autre un suffrage pour être élu Gouverneur, Sénateur, Délégué au Congrès ou à l'Assemblée, Membre du Conseil ou Juge, ou d'être nommé à quelqu'un desdits Offices, ou à quelque emploi de profit ou de confiance, actuellement créé ou qui sera créé par la suite dans cet Etat; la personne qui aura donné, & celle qui aura reçu, feront, d'après conviction dans une Cour de loi, déclarées à jamais incapables de posséder aucun emploi foit de profit, foit de confiance dans cet Etat.

Section cinquante-cinquieme.

TOUTE perfonne nommée à quel-qu'emploi de profit ou de confiance, avant d'entrer en fonction, fera le ferment fuivant :

Je N. jure, que je ne me tiens point obligé à l'obéiffance envers le Roi de la Grande-Bretagne : que je ferai fidele, & garderai une véri-table obéiffance à l'Etat du Mary-land; & en outre fignera une décla-ration qu'il croit à la Religion Chré-tienne.

Section cinquante-fixieme.

Il y aura une *Cour des Appels*, com-pofée de perfonnes integres & verfées dans la connoiffance des Loix, dont les Jugemens feront définitifs & en dernier reffort dans tous les cas d'ap-pels, foit de la Cour générale, foit de la Cour de Chancelerie, foit de celle de l'Amirauté. Il fera nommé pour Chancelier une perfonne in-tegre & verfée dans la connoiffance

L v

des Loix. Enfin, trois perſonnes integres & verſées dans la connoiſſance des Loix, ſeront nommées Juges de la Cour, maintenant appellée *Cour Provinciale*, & qui ſera nommée à l'avenir & connue ſous le nom de *Cour générale* : cette Cour tiendra ſes ſeſſions ſur les Côtes de l'Oueſt & de l'Eſt, pour traiter & décider les affaires de chaque Côte reſpectivement, dans les tems & dans les lieux qui ſeront fixés & déſignés par la future Légiſlature de cet Etat.

Section cinquante-ſeptieme.

L'INTITULÉ de toutes les Loix ſera la formule ſuivante : *Qu'il ſoit ſtatué, &c. par l'aſſemblée générale du Maryland*. Toutes les Commiſſions publiques & Conceſſions commenceront ainſi : *l'Etat du Maryland*, & ſeront ſignées par le Gouverneur, certifiées par le Chancelier, & munies du ſceau de l'Etat, excepté les Commiſſions militaires qui ne ſeront ni certifiées par le Chancelier, ni munies du ſceau de l'Etat. On fera le même changement dans le ſtyle de tous les Décrets & Ordonnances qui ſeront certifiés, fcellés & fignés fuivant l'ufage. Toutes les plaintes feront terminées par la formule fuivante : *Contre la paix, le Gouvernement & la dignité de l'Etat.*

Section cinquante-huitieme.

TOUTES les amendes & confifcations, qui ont appartenu jufqu'à préfent au Roi ou au Propriétaire, appartiendront dorénavant à l'Etat, à l'exception de celles que l'Affemblée générale pourra abolir, ou bien auxquelles elle affignera une autre deftination (1).

---

(1) Le propriétaire étoit le Lord Baltimore. La Province avoit été concédée à l'un de fes ancêtres par Charles Premier. Certaines amendes & confifcations pour défobéiffance à certaines Loix devoient, en vertu de ces mêmes Loix, être payées au Propriétaire, qui étoit Gouverneur héréditaire de la Province. Par le changemenr de la Conftitution, le Lord Baltimore n'eft plus Gouverneur; & ces amendes & confifcations appartiendront dorénavant à l'Etat; mais on lui a confervé la jouiffance de fes propriétés & fonds de terres, cens, rentes, &c.

L vj

Section cinquante-neuvieme.

LA présente forme de Gouvernement, ni la Déclaration des droits, ni aucune partie de l'une & de l'autre, ne pourront être altérées, changées ou abrogées, à moins que l'Assemblée générale n'ait passé un Bill pour ces altérations, changemens ou abrogations, que ce Bill n'ait été publié au moins trois mois avant une nouvelle élection, & qu'il ne soit confirmé par l'assemblée générale, après une nouvelle élection de Délégués, dans sa premiere session après ladite nouvelle élection; à la réserve que rien de ce qui, dans la présente forme de Gouvernement, est relatif à la Côte de l'Est en particulier ne pourra être changé, ni altéré en aucune maniere, que lorsque les deux tiers au moins de chacune des branches de l'Assemblée générale auront consenti au changement & à sa confirmation (1).

_____

(1) Cette clause, en faveur de la Côte de l'Est, paroît extraordinaire. Elle provient vraisemblablement de ce que les Ha-

Section soixantieme.

TOUT Bill passé par l'Assemblée générale fera, après avoir été mis au net, présenté dans le Sénat par l'Orateur de la Chambre des Délégués au Gouverneur en charge, qui le signera & y apposera le grand sceau en présence des Membres des deux Chambres. Toutes les Loix seront enregistrées au Greffe de la Cour générale de la Côte de l'Ouest, & dans un espace de tems convenable, elles seront imprimées, publiées, certifiées sous le grand sceau, & envoyées aux différentes Cours de Comté, comme il en a été usé jusqu'à présent dans cet Etat.

———————————————

bitans de cette côte, resserrée entre la Grande Mer & la Baye de Chesapeake, & ne pouvant par conséquent étendre ses établissemens, ni accroître sa population, ont craint que la Côte de l'Ouest, s'étendant & s'augmentant tous les jours, ne prît une trop grande influence dans le Gouvernement, qu'il ne s'y fît peut-être par la suite quelque changement à leur désavantage ; & ils ont obtenu cette clause pour l'empêcher.

Section soixante-unieme.

Pour établir le nouveau Gouvernement, il se fera une élection des Electeurs du Sénat le lundi vingt-cinq Novembre de la présente année, & les Electeurs du Sénat s'assembleront à Annapolis le lundi neuf Décembre suivant, & y choisiront les Sénateurs. Il sera procédé le mercredi dix-huit décembre à l'élection des Délégués qui doivent servir dans l'Assemblée générale, & à celle des Shériffs ; & lesdites élections seront faites dans la forme & par les personnes qualifiées, ainsi qu'il a été prescrit ci-dessus pour les élections qui doivent être faites aux tems périodiquement fixés ci-dessus. Les rapports de toutes ces premieres élections seront faits au Conseil de sûreté actuellement en exercice ; & l'Assemblée générale ouvrira ses séances à Annapolis le lundi dix Février prochain ; elle élira dans cette premiere session, ou dans telle autre session ensuivante, selon qu'elle le jugera convenable, un Gouverneur & un Conseil pour le reste de l'année, en la maniere ci-dessus prescrite. Pour pourvoir la premiere fois feulement à tous les emplois qui font à la difpofition du Gouverneur, de l'avis du Confeil, la Chambre des Délégués, pourra auffi propofer au Sénat une lifte de Sujets pour tous les emplois à la nomination du Gouverneur, de l'avis du Confeil; & fi le Sénat confent, ou à la totalité de la lifte, ou à recommander quelques-uns des Sujets qui y feront portés, ceux ainfi recommandés recevront des commiffions du Gouverneur; mais fi le Sénat refufe de recommander quelques-unes des perfonnes portées dans cette lifte, alors il faudra prendre le fcrutin réuni des deux Chambres, en la maniere ci-deffus prefcrite, à l'effet de recommander des Sujets pour les emplois qui feront à pourvoir; & les perfonnes en faveur de qui le fcrutin aura paffé, recevront des commiffions comme il eft dit ci-devant.

Ici eft la lifte des lieux où les élections doivent fe tenir dans les différens Comtés, & celle des perfonnes qui doivent les tenir & en être Juges.

Continuation de la Section soixante-unieme.

Il sera nommé par lesdits Juges un ou plusieurs Greffiers pour prendre & écrire les suffrages dans lesdites élections.

Chaque Juge d'élection, avant de procéder à prendre ou recevoir aucun suffrage, fera le serment ou l'affirmation suivante :

Je N. jure ou affirme, que je permettrai de voter à toute personne qui se présentera pour donner son suffrage à l'élection qui va présentement être tenue pour le Comté de.... ou la Ville de.... A mon jugement, cette personne a, conformément aux dispositions contenues dans la forme de Gouvernement, le droit de voter à ladite élection ; & que je n'admettrai à voter à ladite élection aucune personne contre laquelle trois des Electeurs auront fait opposition, avant qu'elle ait donné son suffrage, si cette personne n'a pas, à mon jugement, les qualités requises pour voter, conformément auxdites dispositions; & qu'en toutes chofes je remplirai l'office de Juge defdites élections, fuivant mes lumieres, fans faveur, ni fans partialité. Sur ce, Dieu me foit en aide.

Chaque Greffier, avant de prendre par écrit aucun fuffrage, fera le ferment qui fuit:

Je N. déclare que je remplirai bien & fidélement, fans faveur, affection, ni partialité, l'office de Greffier des élections pour le Comté de.... ou pour la Cité d'Annapolis, ou pour la Ville de Baltimore, & fuivant mes lumieres. Sur ce, Dieu me foit en aide.

La préfente forme du Gouvernement a été confentie & paffée dans la Convention des Délégués des Hommes libres du Maryland, commencée & tenue en la Cité d'Annapolis, le quatorzieme jour d'Août de l'an de Notre-Seigneur mil fept cent foixante-feize.

Par ordre de la Convention.

Signé, MATHIEU TILGHMAN, Préfident.

ARRÊTÉ pris par la Convention de la Colonie du MARYLAND, pour difpenfer du Serment au Roi de la Grande-Bretagne les perfonnes employées dans l'Adminiftration de la Colonie.

Dans l'Affemblée d'Annapolis, le 15 Mai 1776.

D'AUTANT qu'il eft néceffaire que la paix & le bon ordre foient maintenus dans cette Province, autant qu'il eft poffible, & l'Affemblée ayant appris que les Officiers établis pour ces objets ont refufé de fe charger des fonctions refpectives des emplois auxquels ils ont été nommés, fous le prétexte que leur confcience ne leur permettoit point de prêter au Gouvernement les fermens ufités, tant que dureroient les malheureux différens avec la Grande-Bretagne, il a été arrêté:

Qu'on fera difpenfé de prêter les

fermens dont il s'agit , pendant la durée defdits différens , & que les perfonnes déjà nommées , ou qui feroient nommées par la fuite , pourront fe qualifier pour les emplois à elles confiés , en prêtant feulement le ferment analogue à la nature de l'emploi dont elles font pourvues préfentement, ou qui pourra leur être donné par la fuite.

Toutes les perfonnes placées dans l'Adminiftration , ou qui prêteront lefdits fermens d'office , fans prêter ferment au Gouvernement, peuvent être affurées que fi les différens viennent à être accommodés , événement que nous defirons avec la plus vive ardeur , on prendra toutes les mefures néceffaires pour les mettre à l'abri de toute efpece de punitions portées par les Loix contre les perfonnes qui fe comporteront , comme on vient de le dire , fans avoir prêté auparavant lefdits fermens.

CONSTITUTION

DE LA VIRGINIE.

EN Convention (1) *générale, cent douze Membres y préfens.*

A Williamsburgh, 15 Mai 1776.

CONSIDÉRANT que tous les efforts des Colonies-Unies, toutes les repréfentations décentes, & toutes les demandes refpectueufes qu'elles ont

---

(1) On s'étoit fervi jufqu'ici, en traduifant les Conftitutions Américaines, de la périphrafe, *Commiffion générale extraordinaire*, pour rendre le mot Anglois *Convention*; ici on adopte le mot Anglois luimême, pour éviter l'embarras qu'a fouvent caufé la périphrafe, en avertiffant le Lecteur que les Américains ont donné ce nom de *Convention* au Corps choifi pour la confection des Loix, & dont l'exiftence n'ayant que ce but, ceffe au moment où la Conftitution eft faite.

faites au Roi & au Parlement de la
Grande-Bretagne, pour le rétabliffe-
ment de la paix & de la fécurité de
l'Amérique, fous le Gouvernement
Britannique, & pour la réunion de ce
Peuple avec la Mere-Patrie à des conditions raifonnables & juftes, n'ont
produit, de la part d'une Adminiftration impérieufe & vindicative, au
lieu de la réparation des torts déjà
faits & foufferts, qu'un accroiffement d'infultes, d'oppreffions, d'entreprifes, puiffamment foutenues pour
effectuer notre entiere deftruction;
que par un dernier acte, ces Colonies
ont été déclarées rebelles & hors de
la protection de la Couronne Britannique; nos propriétés déclarées fujettes à confifcation; nos Citoyens,
lorfqu'on a pu les réduire en capti-
vité, forcés de concourir au meurtre
& au pillage de leurs parens & de
leurs compatriotes; que toutes les
rapines & vexations, exercées par le
paffé fur les Américains, ont été déclarées juftes & légales; que des flottes
ont été équipées, des armées levées, & des troupes étrangeres fou-
doyées pour aider à ces projets def-

tructifs; que le Réprésentant du Roi
dans cette Colonie a non-seulement
ôté tout pouvoir à notre Gouvernement de travailler pour notre sûreté;
mais que s'étant retiré à bord d'un
vaisseau armé, il nous fait une guerre
de pirate & de sauvage : tentant par
tous les artifices possibles d'engager
nos esclaves à se retirer vers lui : les
excitant & les armant contre leurs
Maîtres.

Dans cet état de péril extrême,
il ne nous reste d'alternative qu'une
soumission abjecte aux volontés de
ces tyrans, qui joignent l'insulte à
l'oppression, ou une séparation to-
tale de la Couronne & du Gouvernement de la Grande-Bretagne, en
unissant & employant les forces de
toute l'Amérique pour sa propre défense, & en contractant des alliances
avec des Puissances Etrangeres pour
notre commerce, & pour être se-
courus dans notre guerre.

Prenant en conséquence le Scru-
tateur des cœurs à témoin de la sin-
cérité des déclarations ci-devant
faites, qui expriment notre désir de
conserver la liaison avec cette Na-

tion; & proteftant que nous n'avons été attachés à cette inclination que par ces mauvais defféins, & par les loix éternelles qui obligent de pourvoir à fa propre confervation.

Il a été unanimement réfolu : que les Délégués nommés pour repréfenter cette Colonie dans le Congrès général, recevroient pour inftructions de propofer à ce Corps refpectable de déclarer les Colonies-Unies, Etats, abfolument libres & indépendans de toute obéiffance & de toute foumiffion à la Couronne ou au Parlement de la Grande-Bretagne; & de donner le confentement de cette Colonie aux déclarations & aux mefures quelconques, qui feront jugées par le Congrès général convenables & néceffaires pour contracter des alliances étrangeres, & former une confédération des Colonies, dans le tems & de la maniere qui lui paroîtront les meilleures, pourvu que le pouvoir de faire un Gouvernement & de régler l'adminiftration intérieure dans chaque Colonie, foit laiffé à l'autorité légifla=

tive de chacune d'elles respectivement.

Il est aussi unanimement résolu,
qu'il sera nommé un Comité pour
préparer une déclaration de droits,
& le plan de Gouvernement qui paroîtra le plus propre à maintenir la
paix & le bon ordre dans cette Colonie, & assurer au Peuple une liberté solide & juste.

Signé EDMUND PENDLETON,
Président.

JOHN PENDLETON, Clerc de la
Convention.

CONSTITUTION

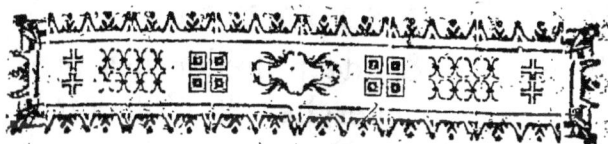

CONSTITUTION

DE LA VIRGINIE.

DÉCLARATION expositive des droits qui doivent nous appartenir, à nous & à notre postérité, & qui doivent être regardés comme le fondement & la base du Gouvernement.

FAITE par les Représentans du bon Peuple de la Virginie, assemblés en pleine & libre convention.

A Williamsburg, premier Juin 1776.

I.

TOUS les hommes sont nés également libres & indépendans : ils ont des droits certains, essentiels & naturels, dont ils ne peuvent par aucun contrat priver ni dépouiller leur postérité : tels sont le droit de jouir de la vie & de la liberté avec les moyens

M

d'acquérir & de posséder des propriétés, de chercher & d'obtenir le bonheur & la sûreté.

II.

TOUTE autorité appartient au Peuple, & par conséquent émane de lui : les Magistrats sont ses mandataires, ses serviteurs, & lui sont comptables dans tous les tems.

III.

LE Gouvernement est ou doit être institué pour l'avantage commun, pour la protection & la sûreté du Peuple, de la nation ou de la Communauté. De toutes les diverses méthodes ou formes de Gouvernement, la meilleure est celle qui peut procurer au plus haut degré le bonheur & la sûreté, & qui est le plus réellement assurée contre le danger d'une mauvaise administration. Toutes les fois donc qu'un Gouvernement se trouvera insuffisant pour remplir ce but, ou qu'il lui sera contraire, la majorité de la Communauté a le droit indubitable, inaliénable & *inamissible* de le réformer, de le changer ou de l'abolir, de la maniere qu'il jugera la plus propre à procurer l'avantage public.

IV.

AUCUN homme, ni aucun college ou affociation d'hommes ne peuvent avoir d'autres titres pour obtenir des avantages ou des privileges particuliers, excluſifs & diſtincts de ceux de la Communauté, que la conſidération de ſervices rendus au public; & ce titre n'étant ni tranſmiſſible aux deſcendans, ni héréditaire, l'idée d'un homme né Magiſtrat, Légiſlateur ou Juge, eſt abſurde & contre nature.

V.

LA puiſſance légiſlative & la puiſſance exécutrice de l'état, doivent être diſtinctes & ſéparées de l'autorité judiciaire : & afin que, devant ſupporter eux-mêmes les charges du peuple, & y participer, tout deſir d'oppreſſion puiſſe être réprimé dans les Membres des deux premieres, ils doivent être, à des tems marqués, réduits à l'état privé, rentrer dans le corps de la Communauté d'où ils ont été tirés originairement ; & les places vacantes doivent être remplies par des élections fréquentes, certaines & régulieres.

V I.

LES élections des Membres qui doivent repréfenter le Peuple dans l'Affemblée, doivent être libres ; & tout homme donnant preuve fuffifante d'un intérêt permanent & de l'attachement qui en eft la fuite, pour l'avantage général de la Communauté, y a droit de fuffrages.

V I I.

AUCUNE partie de la propriété d'un homme ne peut lui être enlevée, ni appliquée aux ufages publics, fans fon propre confentement, ou celui de fes Repréfentans légitimes ; & le Peuple n'eft lié que par les Loix qu'il a confenties de cette maniere pour l'avantage commun.

V I I I.

TOUT pouvoir de fufpendre les Loix ou d'arrêter leur exécution, en vertu de quelqu'autorité que ce foit,

fans le confentement des Repréfentans du Peuple, eft une atteinte à leurs
droits, & ne doit point avoir lieu.

IX.

TOUTES Loix ayant un effet rétroactif, & faites pour punir les délits commis avant qu'elles exiftaffent,
font oppreffives ; & il faut fe garder
d'en établir de femblables.

X.

DANS tous les procès pour crimes
capitaux ou autres, tout homme a le
droit de demander la caufe & la nature
de l'accufation qui lui eft intentée ;
d'être confronté à fes accufateurs &
aux témoins ; de produire & de requérir la production des témoins &
de tout ce qui eft à fa décharge ;
d'exiger une procédure prompte par
Juré impartial de fon voifinage, fans
le confentement unanime duquel il
ne puiffe pas être déclaré coupable.
Il ne peut être forcé à produire des
preuves contre lui-même ; & aucun
homme ne peut être privé de fa
liberté, qu'en vertu de la Loi du
pays, ou par le Jugement de fes
Pairs.   M iij

X I.

IL ne doit point être exigé de cautionnemens exceffifs , ni impofé de trop fortes amendes , ni infligé de peines cruelles ou inufitées.

X I I.

TOUS *Warrans* font vexatoires & oppreffifs , s'ils font décernés fans preuves fuffifantes , & fi l'ordre ou la requifition qu'ils portent à aucuns Officiers ou Meffagers d'Etat, de faire des recherches dans des lieux fufpeɔts, d'arrêter une ou plufieurs perfonnes, ou de faifir leurs biens , ne contiennent pas une défignation & defcription fpéciales des lieux , des perfonnes ou des chofes qui en font l'objet ; & jamais il ne doit en être accordé de femblables.

XIII.

DANS les procès qui intéreffent la propriété, & dans les affaires perfonnelles, l'ancienne procédure par Juré eft préférable à toute autre, & doit être regardée comme facrée.

XIV.

LA liberté de la preffe eft un des

plus fort boulevards de la liberté de
l'Etat , & ne peut être reftrainte
que dans les Gouvernemens defpo-
tiques.

X V.

UNE Milice bien réglée , tirée du
Corps du Peuple , & acccoutumée
aux armes , eft la défenfe propre ,
naturelle & fûre d'un Etat libre ; les
armées toujours fur pied en tems de
paix , doivent être évitées comme
dangereufes pour la liberté ; & dans
tous les càs le Militaire doit être tenu
dans une fubordination exacte à l'autorité civile , & toujours gouverné
par elle.

X V I.

LE Peuple a droit à un Gouvernement uniforme , & il ne doit être
légitimement élevé, ni établi aucun
Gouvernement féparé ni indépendant de célui de la Viginie dans les
limites de cet Etat.

X V I I.

UN Peuple ne peut conferver un
Gouvernement libre & le bonheur
de la liberté , que par une adhéfion

ferme & conftante aux regles de la
juftice, de la modération, de la tempérance, de l'économie & de la vertu,
& que par un recours fréquent à fes
principes fondamentaux.

XVIII.

LA Religion ou le Culte qui eft dû
au Créateur, & la maniere de s'en
acquitter, doivent être uniquement
dirigés par la raifon & par la conviction, & jamais par la force ni par
la violence ; d'où il fuit que tout
homme doit jouir de la plus entiere
liberté de confcience, & de la liberté
la plus entiere auffi dans la forme de
culte que fa confcience lui dicte; &
qu'il ne doit être ni gêné, ni puni par
le Magiftrat, à moins que, fous prétexte de Religion, il ne troublât la
paix, le bonheur ou la fûreté de la
fociété. C'eft un devoir réciproque de
tous les Citoyens de pratiquer la
tolérance Chrétienne, l'amour & la
charité les uns envers les autres.

EN Convention générale, dans
ses séances commencées &
tenues au Capitole dans la
Ville de WILLAMSBURGH,
le Lundi 6 Mai 1776, &
continuées par des ajournemens jusqu'au 5 Juillet suivant.

CONSTITUTION ou forme de Gouvernement convenue & arrêtée par
les Délégués & Représentans des
différens Comtés & Corporations de
Virginie.

CONSIDÉRANT que Georges III, Roi
de la Grande-Bretagne, revêtu jusqu'à présent de l'exercice souverain
de l'Office Royal de ce Gouvernement, a fait tous ses efforts pour le
pervertir en une détestable & insup-
portable tyrannie:

EN s'opposant par son droit négatif, aux Loix les plus salutaires &

M v

les plus néceffaires pour le bien public :

En refufant fa permiffion Royale
pour la confection des Loix d'une
importance urgente & immédiate, à
moins que l'on n'y inférât une claufe
expreffe pour fufpendre leur exécution, jufqu'à ce que fon confentement Royal fût obtenu; & lorfqu'elles
étoient ainfi fufpendues, négligeant
pendant plufieurs années d'y faire
attention :

En refufant à certaines Loix fon
confentement, à moins que les perfonnes à qui ces Loix devoient être
avantageufes, n'abandonnaffent le
droit ineftimable de repréfentation
dans la Légiflature :

En diffolvant fréquemment & con-
tinuèllement le Corps légiflatif, parce
qu'il s'oppofoit avec une fermeté
courageufe à fes entreprifes fur les
droits du Peuple :

En refufant, après avoir diffous le
Corps légiflatif, d'en convoquer
d'autres pendant un long-tems, &
laiffant par-là le Corps politique fans
Légiflation & fans Chef :

En s'efforçant d'arrêter l'accroiffement de la population dans notre pays ; & en mettant dans cette vue des obstacles aux Loix pour la naturalisation des étrangers :

En entretenant chez nous, en tems de paix, des armées sur pied & des vaisseaux de guerre :

En affectant de rendre le militaire indépendant de l'autorité civile, & même supérieur à elle :

En s'unissant avec d'autres pour nous soumettre à une Jurisdiction étrangere, & donnant son consentement à leurs prétendus actes de Législation :

Pour mettre en quartier au milieu de nous de gros corps de troupes armées.

Pour interrompre notre commerce avec toutes les parties du monde :

Pour imposer sur nous des taxes sans notre consentement :

Pour nous priver du bénéfice de la procédure par Jurés:

Pour nous transporter au-delà des mers, & nous y faire juger sur de prétendus délits:

Pour suspendre l'autorité de nos propres Législatures, & se déclarer eux-mêmes revêtus du pouvoir de nous donner des Loix dans tous les cas indéfiniment :

En exerçant le pillage sur nos mers : en ravageant nos côtes, brûlant nos Villes & massacrant notre Peuple :

En excitant la révolte de nos Concitoyens par l'appât des amendes & confiscations :

En invitant nos Negres à s'élever en armes contre nous, & les y excitant : ces mêmes Negres, dont par un usage inhumain de son droit négatif, il nous a empêché de prohiber, par une Loi, l'introduction parmi nous :

En s'efforçant d'attirer sur les Habitans de nos frontieres les impitoyables Indiens Sauvages, dont la maniere connue de faire la guerre est de tout massacrer sans distinction d'âge, de sexe, ni d'état :

En transportant dans ce moment même une nombreuse armée d'étrangers mercenaires, pour achever l'ouvrage de mort, de destruction & de tyrannie déjà commencé, avec des circonstances de cruauté & de perfidie, indigne du Roi d'une Nation civilisée :

En répondant à nos demandes répétées pour le redreffement de nos
griefs, par des infultes répétées :

Enfin, en ceffant de remplir à notre
égard les devoirs ou les fonctions du
Gouvernement : en nous rejettant
pour fes Sujets, & nous déclarant
hors de fa protection Royale :

Par lefquels différens actes d'*autorité malfaifante*, le Gouvernement de
ce Pays, tel qu'il étoit exercé par le
paffé fous les Rois de la Grande-Bretagne, eft entierement diffous.

En conféquence, nous, les Délégués & Repréfentans du bon Peuple
de Virginie, ayant mûrement ré-
fléchi fur ce que deffus : voyant avec
douleur à quelle condition déplorable ce Pays, autrefois heureux, feroit néceffairement réduit, fi une
forme régulière & convenable de
Police civile n'étoit promptement
concertée & adoptée, & defirant
nous conformer à la recommandation qui en a été faite par le Congrès général, nous ordonnons & déclarons que la forme de Gouvernement de Virginie fera pour l'avenir
telle qu'il s'enfuit.

Section premiere.

LES Puissances législatrice, exécutrice & judiciaire, formeront des départemens distincts & séparés, de maniere que l'un des trois n'exerce jamais l'autorité qui devra proprement appartenir à l'autre ; & la même personne n'exercera jamais d'emploi dans plus d'un de ces départemens à la fois : si ce n'est que les Juges des Cours de Comté pourront être élus pour l'une ou l'autre des Chambres de l'Assemblée.

Section seconde.

LE département de législation sera formé de deux Corps distincts, qui composeront entre eux deux la législature complette. Ils s'assembleront une ou plusieurs fois chaque année, & s'appelleront *l'Assemblée générale de Virginie.*

Section troisieme.

L'UN de ces Corps se nommera *la Chambre des Délégués*, & sera composé de deux Représentans choisis annuellement pour chaque Comté ,

& pour le diſtrict de Weſt-Auguſta: parmi les habitans reſpectifs y réſidans actuellement, & y étant Francs-Tenanciers, ou duement qualifiés ſuivant la loi; il entrera auſſi dans cette Chambre un Repréſentant annuellement choiſi pour la Ville de Williamsbourg, un autre pour le Bourg de Norfolk, & un pour chacune des Villes ou Bourgs à qui l'autorité légiſlative accordera par la ſuite ce droit de repréſentation particuliere; mais lorſque la population de quelque Ville ou Bourg ſera diminuée, au point que pendant ſept années ſucceſſives, le nombre des Habitans y ayant droit de ſuffrage, ſoit moindre que la moité du nombre des Votans dans quelqu'un des Comtés de la Virginie, cette Ville ou ce Bourg ceſſera d'envoyer à l'aſſemblée un Délégué ou Repréſentant.

Section quatrieme.

L'AUTRE Corps, partie de la légiſlature, s'appellera *le Sénat*, & ſera compoſé de vingt-quatre Membres, dont treize préſens feront un nombre suffisant pour avoir de l'activité & traiter les affaires. Pour l'élection de ce Sénat, la totalité des différens Comtés sera partagée en vingt - quatre districts ; & chaque Comté du district respectif, dans le même tems qu'il élira ses Délégués, élira aussi un Sénateur qui soit un Habitant actuellement résidant & Franc-Tenancier dans le district, ou duement qualifié suivant la loi, & qui ait plus de vingt-cinq ans. Les Shériffs de chaque Comté, dans l'espace de cinq jours au plus, après l'élection du dernier des Comtés du district, s'assembleront au lieu le plus commode ; & d'après l'examen des scrutins ainsi pris dans leurs Comtés respectifs, ils déclareront *Sénateur* le sujet qui aura eu la pluralité des voix dans la totalité du district. Pour que la composition de cette Assemblée change à tour de rôle, les districts seront divisés en quatre classes égales qui seront numérotées par le sort. A la fin de la premiere année, après l'élection générale, les six Membres élus par la premiere classe sortiront de place ; & la vacance que

cette fortie occafionnera, fera rem-
placée de la maniere fufdite par une
nouvelle élection de la claffe ou di-
vifion fuivante. Le tout paffera d'une
claffe à l'autre fuivant le numéro de
chacune, & cette rotation continuera
chaque année dans l'ordre ci-deffus
prefcrit.

Section cinquieme.

LE droit de fuffrage aux élections
des Membres des deux Chambres,
demeurera tel qu'il eft actuellement
exercé; & chaque Chambre choifira
fon Orateur, nommera fes Officiers,
établira fes regles de procédure, &
enverra les lettres indicatives d'élection pour remplacer les vacances in-
termédiaires.

Section fixieme.

TOUTES les loix feront d'abord
propofées dans la Chambre des Délégués, & feront enfuite portées au
Sénat pour y être approuvées ou
rejettées, ou pour y éprouver des
changemens avec le confentement de
la Chambre des Délégués : à l'exception feulement des Bills de levée d'ar-

gent qui ne pourront point être changés par le Sénat, mais qui devront y être approuvés ou rejettés purement & simplement.

Section septieme.

Il sera élu annuellement un *Gouverneur* ou premier Magistrat par le scrutin réuni des deux Chambres: ce scrutin se prendra dans chaque Chambre respectivement : il sera déposé dans la salle de conférence, où les boëtes seront examinées conjointement par un Comité de chaque Chambre ; & il sera fait à chacune séparément rapport des nombres de voix, afin que la nomination puisse y être enregistrée. Telle sera la maniere constante de prendre dans tous les cas le scrutin réuni des deux Chambres. Le Gouverneur ne pourra pas conserver sa charge plus de trois années consécutives ; & il ne pourra être réélu qu'après avoir été hors de place pendant quatre ans. Il lui sera assigné pendant son exercice des appointemens suffisans, mais modiques. Il exercera de l'avis du Conseil d'Etat la puissance exécutrice du Gou-

vernement, conformément aux loix
de cette République; & il n'exercera
fous aucun prétexte, aucune autorité,
ni ne s'arrogera aucune prérogative
en vertu d'aucunes loix, ftatuts ou
coutumes d'Angleterre; mais il aura
le pouvoir d'accorder répit ou grace,
de l'avis du Confeil d'Etat, excepté
dans les cas où la pourfuite du crime
aura été faite au nom de la Chambre
des Délégués, ou dans ceux fur lefquels la loi, par quelque difpofition
particuliere, en aura ordonné autrement: dans tous ces cas il ne pourra
être accordé répit ou grace que par
une réfolution de la Chambre des
Délégués.

Section huitieme.

L'UNE & l'autre Chambre de l'Affemblée générale, pourront s'ajourner refpectivement elles-mêmes; le
Gouverneur ne pourra ni proroger,
ni ajourner l'Affemblée durant la feffion, ni la diffoudre dans aucun tems;
mais il devra, s'il eft néceffaire, &
de l'avis du Confeil d'Etat, ou fur la
demande du plus grand nombre des
Membres de la Chambre des Délé-

gués, la convoquer pour un terme
plus prochain que celui auquel elle
se seroit prorogée ou ajournée.

Section neuvieme.

IL sera choisi par le scrutin réuni
des deux Chambres de l'assemblée,
un *Conseil Privé* ou *Conseil d'Etat*,
composé de huit personnes prises
parmi les mêmes Membres de l'assemblée, ou tirées de l'universalité
du peuple, à l'effet *d'assister le Gouverneur dans l'administration du Gouvernement*. Ce Conseil se choisira parmi ses propres Membres un Président, qui, en cas de mort, d'incapacité ou d'absence nécessaire du
Gouverneur, fera les fonctions de
Lieutenant du Gouverneur. La présence de quatre des Membres de ce
Conseil suffira pour lui donner l'activité : leurs avis & résolutions feront
écrits sur un registre & signés par
les Membres présens, pour être ce
registre présenté à l'assemblée générale lorsqu'elle le demandera : chaque
Membre du Conseil pourra y insérer
son avis contraire à la résolution qui
aura passé à la pluralité. Ce Conseil

nommera son Clerc (*Greffier*) qui
aura des appointemens fixés par la
loi, & qui prêtera serment de garder
le secret sur les matieres que le Conseil lui prescrira de tenir cachées. Il
sera destiné une somme d'argent qui
sera partagée chaque année entre les
Membres du Conseil, à raison de leur
assiduité; tant qu'ils resteront Membres de ce Conseil, ils ne pourront
siéger dans l'une ni l'autre des Chambres de l'assemblée.

A la fin de chaque année, deux
Membres de ce Conseil en seront
retranchés par le scrutin réuni des
deux Chambres de l'assemblée, & ne
pourront pas être réélus pendant les
trois années suivantes. Ces vacances,
ainsi que celles occasionnées par mort
ou par incapacité, seront remplies
par une élection nouvelle dans la
même forme.

Section dixieme.

Les Délégués, pour la Virginie
au Congrès Continental, seront
choisis annuellement, ou destitués &
remplacés dans l'intervalle par le

fcrutin réuni des deux Chambres de l'affemblée.

Section onzieme.

LES Officiers actuels de Milice, feront continués, & les emplois vacans feront remplis par la nomination du Gouverneur, de l'avis du Confeil Privé, fur la recommandation des Cours des Comtés refpectifs; mais le Gouverneur & le Confeil auront le pouvoir d'interdire tout Officier, d'ordonner l'affemblée de cours martiales fur les plaintes de mauvaife conduite, ou d'incapacité, & de pourvoir au remplacement des emplois vacans dans le cas du fervice actuel. Le Gouverneur pourra affembler la Milice de l'avis du Confeil Privé; & lorfqu'elle fera affemblée, il en aura feul le commandement fous les loix du Pays.

Section douzieme.

LES deux Chambres de l'affemblée nommeront, par leurs fcrutins réunis, les Juges de la Cour Suprême des Appels & de la Cour générale, les Juges en Chancellerie, ceux de l'Amirauté, le Secrétaire & le Procureur Général, tous lesquels Officiers recevront leurs commissions du Gouverneur, & conserveront leurs Offices tant qu'ils se conduiront bien. En cas de mort, d'incapacité ou de démission, le Gouverneur, de l'avis du Conseil Privé nommera pour remplir les offices vacans des sujets qui seront ensuite approuvés ou déplacés par les deux Chambres. Ces Officiers auront des appointemens fixes & suffisans; & ils seront tous, ainsi que tous ceux qui occuperont des emplois lucratifs, & tous les Ministres de l'Evangile, quelque nom qu'ils portent, incapables d'être élus Membres de l'une ou de l'autre des Chambres de l'assemblée ou du Conseil Privé.

Section treizième.

LE Gouverneur, de l'avis du Conseil Privé, nommera des Juges de paix pour les Comtés, & dans les cas de vacances ou de nécessité d'augmenter par la suite le nombre de ces Officiers, ces nominations se feront fur la recommandation des Cours des Comtés refpectifs. Le Secrétaire de la Virginie actuellement en place, & les Clercs de toutes les Cours des Comtés feront confervés. En cas de vacances, foit par mort, incapacité ou démiffion, il fera nommé un Secrétaire, comme il eft prefcrit ci-deffus, & les Clercs feront nommés par les Cours refpeétives. Les Clercs préfens & à venir conferveront leurs places tant qu'ils fe conduiront bien, ce qui fera jugé & déterminé dans la Cour générale. Les Shériffs & Coroners feront nommés par les Cours refpeétives, approuvés par le Gouverneur de l'avis du Confeil Privé, & recevront leurs commiffions du Gouverneur. Les Juges de paix nommeront des Connétables ; & tous les droits des Officiers fufdits feront taxés par la loi.

Section quatorzieme.

LE Gouverneur, quand il fera hors de place, & toutes autres perfonnes ayant commis des délits contre l'Etat par malverfation, corruption ou autres manœuvres capables de
mettre

mettre en danger la sûreté de l'Etat, pourront être accusés par la Chambre des Délégués. Ces accusations seront poursuivies dans la Cour générale, conformément aux loix du pays, par le Procureur Général, ou par telles autres personnes que la Chambre pourra commettre à cet effet : dans les cas où ils seront trouvés coupables, les accusés, Gouverneur ou autres, seront déclarés incapables de posséder jamais aucun office sous l'autorité du Gouvernement, ou destitués de leurs offices pour un certain tems, ou condamnés aux peines ou amendes portées par la loi.

Section quinzieme.

Si tous ou quelqu'un des Juges de la Cour générale, étoient, sur des présomptions fondées, dont la Chambre des Délégués devra juger la validité, prévenus de quelques-uns des délits ou crimes mentionnés ci-dessus, la Chambre des Délégués pourra accuser de la même maniere le Juge ou les Juges ainsi prévenus, & poursuivre l'affaire devant la Cour des appels ; & celui ou ceux qui se-

N

ront déclarés coupables, feront punis de la maniere prefcrite par l'article précédent.

Section feizieme.

TOUTES les commiffions & concellions commenceront par ces mots, *au nom de la République de Virginie*: elles feront fignées en certification par le Gouverneur, & le Sceau de la république y fera appofé. Tous les actes ou ordres des Juges porteront le même intitulé, & feront fignés par les Clercs des différentes Cours. Enfin toutes les plaintes feront terminées par la formule: *contre la paix & la dignité de la République.*

Section dix-feptieme.

IL fera nommé, chaque année, un Tréforier au fcrutin réuni des deux Chambres de l'Affemblée.

Section dix-huitieme.

TOUTES les échûtes, amendes ou confifcations qui étoient ci-devant au profit du Roi, feront au profit de la République, à l'exception de celles que la Légiflature pourra abolir, ou sur lesquelles elle pourra autrement statuer.

Section dix-neuvieme.

LES territoires contenus dans les Chartes d'érection des Colonies du Maryland, de la Pensylvanie & des Carolines Septentrionale & Méridionale, sont par la présente Constitution, cédés, délaissés & confirmés pour toujours aux Peuples de ces différentes Colonies, respectivement avec tous les droits de propriété, Jurisdiction & Gouvernement, & tous les autres droits quelconques qui ont pu être dans aucun tems jusqu'à présent réclamés par la Virginie ; laquelle cependant se réserve la libre navigation & l'usage des rivieres Potomack & Pocomoke, ainsi que la propriété des côtes ou bords de ces rivieres du côté de la Virginie, & de toutes les améliorations qui ont été ou qui pourront être faites sur ces côtes ou bords. L'étendue de la Virginie au Nord & à l'Ouest demeurera à tous les autres égards, telle qu'elle a été fixée par la Charte du Roi Jacques Premier en 1609, & par le

Traité de paix entre les Cours de la
Grande-Bretagne & de France, publié en 1763; à moins que par un acte
de la Législature de cet Etat, il ne
soit concédé un ou plusieurs Territoires & établi des Gouvernemens
à l'ouest des Monts Alleghery. Et il
ne sera acheté aucunes terres des Nations Indiennes que pour l'usage &
l'avantage publics, & par l'autorité
de l'Assemblée générale.

Section vingtieme.

POUR mettre en activité la présente forme de Gouvernement, les
Représentans du Peuple assemblés en
Convention générale, choisiront un
Gouverneur & un Conseil-Privé, &
aussi ceux des autres Officiers dont
l'élection doit par la suite appartenir
aux deux Chambres, mais qu'il paroîtra nécessaire de nommer sur le
champ. Le Sénat que le Peuple aura
élu pour la premiere fois, restera en
charge jusqu'au dernier jour de Mars
prochain, & les autres Officiers,
jusqu'à la fin de la session suivante de
l'Assemblée générale. En cas de vacances, l'Orateur de l'une ou l'autre

des Chambres enverra les lettres pour indiquer les nouvelles élections.

Signé, EDMUND PENDLETON, Président.

J. TAZEWELL, Clerc de la Convention.

CONSTITUTION

Ou *forme de Gouvernement consentie, & arrêtée par les Représentans de la* CAROLINE MÉRIDIONALE, *dans un Congrès commencé & tenu à Charles-Town, le Mercredi premier jour de Novembre mil sept cent soixante-quinze, & continué par divers ajournemens jusqu'au Mardi vingt-six Mars mil sept cent soixante-seize.*

D'AUTANT que le Parlement Britannique, réclamant depuis quelques années un droit de lier les Colonies Septentrionales en Amérique par la Loi, dans tous les cas quelconques, a porté des Statuts pour lever un revenu dans ces Colonies, & pour disposer de ce revenu, ainsi qu'il le jugeroit à propos, sans le consentement & contre le gré des Colonistes;

& comme il a paru à ceux-ci, que
n'étant point représentés dans le
Parlement, un pareil droit étoit abfolument inconftitutionnel, & que
s'il étoit admis, il les réduiroit tout-
à-coup du rang d'Hommes libres à
l'état d'efclavage le plus abject; en
conféquence lefdites Colonies ont
fait diverfes remontrances contre l'ad-
miffion de ces actes, & elles ont
préfenté des Requêtes pour en demander la révocation. Mais ces dé-
marches n'ayant produit aucun effet,
& le Parlement Britannique qui per-
fifte toujours dans fes mêmes pré-
tentions, ayant établi depuis encore
d'autres Statuts inconftitutionnels &
oppreffifs, qui étendent le pouvoir
des Cours d'Amirauté dans les Colonies au-delà de fes anciennes limites,
& leur attribue la Jurifdiction dans
les cas femblables à ceux qui dans
la Grande-Bretagne font jugés par
des Jurés, de forte que toute perfonne eft fujette à être envoyée &
jugée dans la Grande-Bretagne, pour
une offenfe dont l'un de ces Statuts a
fait une offenfe capitale, & quoiqu'elle eût été commife dans les Co-

N iv

lonies. — Que le Port de Boston a
été bloqué. —— que les personnes
prévenues de meurtre, dans la Baye
de Massachussett, seroient, au gré du
Gouverneur, envoyées pour recevoir leur Jugement dans toute autre
Colonie, ou même dans la Grande-
Bretagne. — Que la Constitution du
Gouvernement établie par Charte
dans cette Colonie, est changée dans
ses principaux points. — Que les
Loix d'Angleterre & le Gouvernement libre dont la jouissance avoit
été assuré aux Habitans de Quebec,
par une Proclamation du Roi, ont
été abolis & remplacés par les Loix
Françoises; qu'on a établi dans cette
Province la Religion Catholique Ro-
maine (qui jusques-là y étoit déjà
exercée librement & tolérée), & un
Gouvernement absolu ; & qu'on a
étendu les limites de cette Province
jusqu'aux frontieres des établissemens
Anglois, Protestans & libres, avec
le dessein de faire servir tout un Peuple professant des principes de Religion différens de ceux des Colonies
voisines, & soumis à un pouvoir arbitraire, comme d'instrument propre

à intimider & à fubjuguer les Colonies.

D'autant que les Délégués de toutes
les Colonies de ce Continent, depuis
la Nouvelle-Ecoffe jufqu'à la Georgie,
affemblés en un Congrès général à
Philadelphie, ont porté, de la maniere la plus refpectueufe, leurs
plaintes au pied du Trône, fuppliant
humblement leur Souverain d'employer fon autorité Royale & fon
interpofition pour le redreffement de
leurs griefs, occafionnés par les fufdits Statuts, & qu'ils ont affuré Sa
Majefté que la bonne harmonie entre
la Grande-Bretagne & l'Amérique,
défirée ardemment de la part des Colonies, fe rétabliroit par ce moyen
fur le champ, & que les Coloniftes
fe repofoient fur la magnanimité &
la juftice du Roi & du Parlement,
pour le redreffement de beaucoup
d'autres griefs qui les tenoient en
fouffrance :

D'autant auffi que ces plaintes ont
été totalement négligées, & qu'il a
été paffé des Statuts encore plus cruels
que ceux mentionnés ci-deffus, &
par lefquels on a défendu aux Co-

N v

lonies la communication entr'elles, en reftraignant leur commerce, & en ôtant à des milliers d'Habitans, par la défenfe de pêcher fur les côtes d'Amérique, les moyens de pourvoir à leur fubfiftance :

D'autant que des flottes & des armées confidérables, ayant été envoyées en Amérique pour appuyer l'exécution de ces Loix, & pour effectuer une entiere & parfaite foumiffion à la volonté d'une Adminiftration defpotique & corrompue, & en conféquence de ce, des hoftilités ayant été commencées dans la Baye de Maffachuffett par les troupes fous le commandement du Général Gage, il en eft réfulté que quantité de gens paifibles, fans appui & fans armes, ont été pillés & maffacrés de gaieté de cœur ; & enfin, comme il n'y a que trop lieu d'appréhender qu'il ne fe commette de pareilles hoftilités dans les autres Colonies ; les Coloniftes fe font vu réduits à la néceffité de prendre les armes pour repouffer la force par la force, & pour défendre leurs perfonnes & leurs propriétés contre toutes ces invafions & déprédations illégales.

Néanmoins les Délégués defdites Colonies, affemblés dans un autre Congrès à Philadelphie, defirant fortement d'effectuer une réconciliation avec la Grande-Bretagne, d'après des principes juftes & conftitutionnels, ils ont fupplié Sa Majefté de déterminer quelque moyen par lequel les fupplications réunies de fes fideles Coloniftes, puffent amener une réconciliation heureufe & permanente, demandant en même tems qu'on prît des mefures pour empêcher l'effufion ultérieure de leur fang, & que tous les ftatuts qui tendent directement à plonger aucun des Coloniftes dans la détreffe, fuffent révoqués. Mais comme au lieu d'accorder aux Coloniftes la juftice qu'ils avoient & qu'ils ont droit de demander, cette guerre civile & contre nature, dans laquelle ils ont été précipités, & où ils fe trouvent enveloppés, a été pourfuivie avec une violence non interrompue : que les Gouverneurs & autres perfonnes, chargés de commiffion Royale dans les Colonies, en rompant les promeffes & les engagemens les plus folemnels, & en vio-

N vj

lant toutes obligations d'honneur, de justice & d'humanité, ont fait arrêter & emprisonner plusieurs particuliers honnêtes, dont les biens ont été saisis & retenus ou détruits, sans que ces particuliers eussent commis aucun crime ou encouru la confiscation de leurs biens; — qu'ils ont suscité des soulevemens domestiques; accordé par proclamation la liberté aux valets, & aux esclaves; — débauché ou enlevé des esclaves pour les armer contre leurs maîtres; — animé & encouragé les Nations Sauvages à la guerre contre les Colonies; — suspendu les loix du pays pour leur substituer la loi martiale; — massacré quantité de Colonistes; — brûlé diverses Villes & menacé de brûler de même celles qui restoient, & qu'ils s'efforcent encore tous les jours, par une conduite qui a déjà souillé les armes Britanniques, & qui seroit capable de couvrir d'infamie même des nations Sauvages, d'effectuer la ruine & la destruction des Colonies:

D'autant qu'il a été passé dernierement un statut, par lequel, sous le prétexte que lesdites Colonies étoient en rebellion ouverte, tout commerce & toute liaifon avec elles a été interdit; — par lequel auffi tous vaiffeaux appartenꞏ aux Habitans des Colonies, & commerçant dans l'intérieur d'icelles ou faifant avec elles le commerce d'importation ou d'exportation, enfemble les cargaifons & effets à bord de ces vaiffeaux, font déclarés de bonne prife; — que les Capitaines & les équipages de ces vaiffeaux font affujettis par force à fervir à bord des vaiffeaux du Roi contre leurs pays & leurs plus chers amis; — que toute faifie & détention ou deftruction des perfonnes & propriétés des Coloniftes faites en aucun tems, pour prévenir ou faire ceffer ladite prétendue rebellion, ou qui pourront être faites par la fuite, en conféquence dudit Acte, ou pour le fervice du public, font autorifées; & que les perfonnes plaidant pour des dommages & intérêts dans de pareils cas, fi elles perdent leurs procès, font fujettes au paiement de dépens très-confidérables:

D'autant auffi qu'il a été donné des ordres pour faire paffer en Amérique

des renforts confidérables de troupes
& de vaiffeaux, qui y font attendus
journellement pour pourfuivre la
guerre contre cha▓▓e des Colonies
unies, avec la plus grande vigueur:

D'autant qu'en conféquence d'un
plan donné par les Gouverneurs, &
qui paroît avoir été concerté entr'eux
& les Miniftres leurs maîtres, de retirer les Officiers ordinaires, & par-
là de diffoudre les liens du Gouvernement & de faire naître l'anarchie
& la confufion dans les Colonies;
le Lord William Campbell, dernier
Gouverneur, a diffous, le 15 Septembre dernier, l'affemblée générale
de cette Colonie, & qu'il n'en a pas
été convoqué d'autre depuis, quoique fuivant les loix, il doive y avoir
une affemblée générale au moins tous
les fix mois : que ce Lord, après
avoir fait tous fes efforts pour ôter
la liberté, les biens & la vie au bon
peuple de cette Colonie, que par les
devoirs de fa place il étoit obligé de
protéger, s'eft retiré de la Colonie,
& a emporté avec lui le grand Sceau
& les inftructions Royales adref-
fées aux Gouverneurs.

D'autant que les Juges des Cours de justice de cette Colonie ont refusé d'exercer leurs fonctions respectives, de sorte qu'il est devenu indispensablement nécessaire, pendant la durée de la présente situation des affaires de l'Amérique, & jusqu'à ce qu'on puisse parvenir à accommoder les malheureux différens entre la Grande-Bretagne & l'Amérique (événemens que quoique calomniés & traités comme rebelles, nous desirons néanmoins encore avec la plus vive ardeur) de choisir d'un commun accord & pour le bien du Peuple, qui est *l'origine & le but de tout Gouvernement*, un moyen pour régler la police intérieure de cette Colonie : le Congrès étant revêtu de pouvoir compétent, & ayant délibéré sur tout ce qui est exposé ci-dessus, a arrêté en conséquence les articles suivans :

Section premiere.

Ce Congrès étant une libre & complette représentation du Peuple de cette Colonie, sera réputé & appellé désormais *l'Assemblée générale de la*

Caroline Méridionale, & devra continuer comme telle, jusqu'au vingt-un d'Octobre prochain, & non plus long-tems.

Section deuxieme.

L'ASSEMBLÉE générale choisira, au scrutin, dans son propre corps, un Conseil législatif qui sera composé de treize membres (dont sept suffiront pour terminer une affaire) & qui subsistera aussi long-tems que l'assemblée générale.

Section troisieme.

L'ASSEMBLÉE générale & ledit Conseil législatif éliront conjointement au scrutin, dans leurs corps ou parmi le peuple en général, un Président & Commandant en chef de la Colonie, & un Vice-Président.

Section quatrieme.

Si un Membre de l'Assemblée générale est élu Président & Commandant en chef ou Vice-Président, ou Membre du Conseil législatif, sa place dans l'Assemblée générale deviendra vacante, & on choisira une autre personne pour la remplir; & si un

Membre du Conseil législatif est élu Président & Commandant en chef, ou Vice-Président, il perdra sa place & on y nommera une autre personne.

Section cinquieme.

Il y aura un Conseil privé, dont le Vice-Président de la Colonie sera de droit Membre & Président, & qui sera composé de six autres Membres choisis par scrutin, dont trois par l'Assemblée générale & les trois autres par le Conseil législatif, pourvu toutefois qu'aucun Officier de l'armée ou de la Marine, au service du Continent ou de cette Colonie, ne puisse être élu pour ce Conseil privé. Un Membre de l'Assemblée générale ou du Conseil législatif, qui aura été choisi pour être Membre du Conseil privé, ne perdra pas pour cela sa place dans l'Assemblée générale ou dans le Conseil législatif, à moins qu'il ne soit élu Vice-Président de la Colonie, auquel cas, on choisira une autre personne à sa place. Le Conseil privé (dont quatre Membres formeront un *quorum*, c'est-à-dire suffiront

pour terminer une affaire) donnera
son avis au Président & Commandant en chef, lorsque celui-ci le demandera, mais le Président & Commandant ne sera pas obligé de consulter le Conseil privé, excepté dans
les cas mentionnés ci-après.

Section sixieme.

LES qualités réquises pour être Président & Commandant en chef ou
Vice-Président de la Colonie, ainsi
que pour être Membres du Conseil
législatif & du Conseil privé, seront
les mêmes que celles des Membres
de l'Assemblée générale, & les uns &
les autres, lorsqu'ils seront élus devront prêter un serment de qualification dans l'Assemblée générale.

Section septieme.

L'AUTORITÉ législative résidera
dans le Président & Commandant en
chef, dans l'Assemblée générale &
dans le Conseil législatif. Toutes les
résolutions concernant les levées de
deniers (Bills d'argent), pour le
soutien du Gouvernement seront l'affaire propre de l'Assemblée générale,

& le Conseil législatif ne pourra ni
changer, ni modifier les Bills, mais
il aura la faculté de les rejetter. Tous
les autres Bills ou Ordonnances pourront provenir, soit de l'Assemblée
générale, soit du Conseil législatif;
& ils pourront être changés, mo-
difiés par l'un ou par l'autre. Les Bills
ayant passé à l'Assemblée générale &
au Conseil législatif, le Président &
Commandant en chef pourra y donner son consentement ou les rejetter.
Lorsqu'ils auront reçu son approbation, ils auront toute la force &
toute la validité d'un acte de l'Assemblée générale de cette Colonie. L'Assemblée générale & le Conseil législatif respectivement jouiront de
tous les privileges qui ont pu être
réclamés ou exercés par la Chambre
des Communes de l'Assemblée; mais
le Conseil législatif n'aura nullement
le pouvoir d'expulser ses Membres.

Section huitieme.

L'ASSEMBLÉE générale & le Conseil législatif pourront s'ajourner eux-
mêmes respectivement; & le Président & Commandant en chef n'aura

point le pouvoir de les ajourner, proroger ou diffoudre ; mais il lui fera libre de les convoquer s'il eft néceffaire, avant le tems pour lequel ils fe feront ajournés. Lorfqu'un Bill aura été rejetté, il pourra être rapporté de nouveau à une féance de l'Affemblée générale ou du Confeil légiflatif à la fuite d'un ajournement, qui devra être au moins de trois jours.

Section neuvieme.

L'ASSEMBLÉE générale & le Confeil légiflatif choifiront eux-mêmes leurs Orateurs refpectifs & leurs Officiers comme bon leur femblera.

Section dixieme.

LORSQU'UN Membre de l'Affemblée générale ou du Confeil légiflatif acceptera une place lucrative ou commiffion quelconque (excepté dans la Milice), il perdra fa féance dans l'Affemblée générale ou dans le Confeil légiflatif, & on fera auffi-tôt une nouvelle élection. Si elle retombe fur lui, rien ne l'empêchera de reprendre fa place.

Section onzieme.

LE dernier lundi d'Octobre prochain & le lendemain, & déformais tous les deux ans, les mêmes jours, les Membres de l'Affemblée générale feront élus pour s'affembler le premier lundi du mois de Décembre fuivant, & refter en fonction pendant deux ans, à compter dudit dernier lundi d'Octobre. L'Affemblée générale fera compofée du même nombre de Membres qui fe trouve dans le préfent congrès : chaque Paroiffe & diftrict devant avoir le même nombre de Repréfentans qu'actuellement, favoir :

Les Paroiffes de Saint-Philippe & de Saint-Michel, de Charles-Town, trente Membres.

La Paroiffe de Chrift-Church, fix Membres.

La Paroiffe de Saint-John, Comté de Berkley, fix Membres.

La Paroiffe de Saint-Andrew, fix Membres.

La Paroiffe de Saint-George, Dorchefter, fix Membres.

La Paroiffe de Saint-James, Goofe-Creek, fix Membres.

La Paroiffe de Saint-Thomas & de Saint-Denis, fix Membres.

La Paroiffe de Saint-Paul, fix Membres.

La Paroiffe de Saint-Barthellemei, fix Membres.

La Paroiffe de Sainte-Helene, fix Membres.

La Paroiffe de Saint-James, fur la riviere de Santé, fix Membres.

La Paroiffe de Prince George, fur la riviere Wingaw, fix Membres.

La Paroiffe de Prince Frederick, fix Membres.

La Paroiffe de Saint-John, dans le Comté de Colleton, fix Membres.

La Paroiffe de Saint-Peter, fix Membres.

La Paroiffe de Prince William, fix Membres.

La Paroiffe de Saint-Stephen, fix Membres.

Le Diftrict à l'Eft de la riviere de Waterée, dix Membres.

Le Diftrict de Ninety-fix (ou 96), dix Membres.

Le Diftrict de Saxe-Gotha, fix Membres.

Le Diftrict entre les rivieres de Broad & Saludy, en trois divifions, favoir:

Le Diftrict d'en bas, quatre Membres: le Diftrict de la petite riviere, quatre Membres: le haut Diftrict ou Diftrict de Sparte, quatre Membres. Le Diftrict entre les rivieres Broad & Catawba, dix Membres.

Le Diftrict appellé New-acquifition, dix Membres.

La Paroiffe de Saint-Matthew, fix Membres.

La Paroiffe de Saint-David, fix Membres.

Le Diftrict entre la riviere Savannah & la fourche feptentrionale d'Edifto, fix Membres.

L'élection defdits Membres fe fera autant qu'il fera poffible fuivant ce qui eft prefcrit par l'Acte d'élection. Lorfqu'il n'y aura ni Eglife, ni Marguilliers dans un diftrict ou Paroiffe, l'Affemblée générale, quelque tems avant l'expiration des deux années, indiquera des lieux d'élection, & nommera des perfonnes pour recueillir les voix & lui en rendre compte. La qualification des Electeurs fera la même que celle qui est requise par la loi; mais les personnes possédant des biens, qui, suivant le tarif de la derniere taxe, sont taxables aux sommes mentionnées dans l'acte d'élection, auront droit de voter, quoique ces biens n'aient pas été taxés effectivement; pourvu que ces mêmes personnes aient les autres qualités requises par ledit Acte. Les Electeurs prêteront le serment de qualification, si l'Officier chargé de recueillir les voix l'exige. La qualification de la personne élue devra être telle qu'elle est mentionnée dans l'Acte d'élection, & il sera entendu qu'elle signifie que la personne élue n'a point de dettes.

Section douzieme.

Si une Paroisse ou District néglige ou refuse d'élire des Membres, & si ceux qui auront été élus ne se rendent point à l'Assemblée générale, ceux qui s'y feront rendus, auront les pouvoirs de l'Assemblée générale. Il ne faudra pas moins de quarante-neuf

quarante-neuf Membres pour former
une Chambre qui puiffe traiter les
affaires; mais l'Orateur & fept Membres fuffiront pour s'ajourner d'un
jour à l'autre.

Section treizieme.

AUSSI - TOT qu'il fera poffible,
après la premiere féance de l'Affemblée générale, on choifira le Préfident & Commandant en chef, &
un Vice-Préfident de la Colonie &
du Confeil privé, en la maniere &
pour le tems prefcrits ci-deffus; &
en attendant que ce choix foit fait,
l'ancien Préfident & Commandant
en chef & le Vice-Préfident de la
Colonie & du Confeil privé, continueront de remplir les fonctions de
leurs places refpectives.

Section quatorzieme.

EN cas de mort du Préfident &
Commandant en chef, ou de fon abfence de la Colonie, le Vice-Préfident de la Colonie fuccédera à fa
place, & le Confeil privé choifira
dans fon propre corps un Vice-Préfident de la Colonie; & en cas de

O

mort du Vice-Préfident de la Colonie ou de fon abfence de la Colonie, un des Membres du Confeil
privé fera choifi par ce Confeil,
pour remplir les fonctions du Vice-
Préfident, jufqu'à ce qu'il ait été
nommé à ces places refpectivement
par l'Affemblée générale & le Confeil
légiflatif, pour le refte du tems pour
lequel l'Officier mort ou abfent avoit
été nommé.

Section quinzieme.

LES Délégués de cette Colonie au
Congrès général, feront choifis conjointement par l'Affemblée générale
& le Confeil légiflatif, au fcrutin,
dans l'Affemblée générale.

Section feizieme.

LE Vice-Préfident de la Colonie
& le Confeil privé ou le Vice-Préfident & la majorité du Confeil privé,
qui fe trouveront en place, exerceront les pouvoirs d'une Cour de
Chancellerie. Il y aura un Ordinaire
qui exercera les pouvoirs qui ont
été exercés jufqu'à préfent par cet
Officier dans cette Colonie.

Section dix-septieme.

LA Jurifdiction de la Cour d'Amirauté fe bornera aux caufes maritimes.

Section dix-huitieme.

TOUTES les caufes & tous les procès pendans à aucune Cour de juftice
ou d'équité, pourront, fi les deux
parties y confentent, être continués
& terminés, fans qu'on foit obligé
de les commencer *de novo*. Et les
Juges des Cours de Juftice feront
faire des liftes de Jurés & convo-
queront les Jurés, en fe rapprochant
le plus qu'il fera poffible de ce qui
eft prefcrit par les Actes de l'Affemblée générale dans de pareils cas.

Section dix-neuvieme.

LES Juges de Paix feront nommés
par l'Affemblée générale; & la durée
de leur commiffion dépendra du bon
plaifir du Préfident & Commandant
en Chef. Ils n'auront point d'épices,
excepté pour les pourfuites qu'ils feront dans des cas de crimes capitaux;
& lorfqu'ils ne feront point en fonc-

O ij

tions comme Juges de paix, ils ne pourront point jouir des privileges accordés par la loi à cette magiftrature.

Section vingtieme.

TOUS les autres Officiers de juftice feront choifis par fcrutin par l'Affemblée générale & le Confeil légiflatif concurremment, & les recevront (excepté les Juges de la Cour de la Chancellerie) leur commiffion du Préfident & Commandant en chef, qui les confervera tant qu'ils fe comporteront bien; mais ils pourront être deftitués de leurs emplois à la requifition de l'Affemblée générale & du Confeil légiflatif.

Section vingt-unieme.

LES Shériffs, ayant les qualités requifes par la Loi, feront choifis de la même maniere par l'Affemblée générale & le Confeil légiflatif, & recevront leur Commiffion du Préfident & Commandant en Chef, qui la leur donnera pour deux ans feulement.

Section vingt-deuxieme.

LES Commiffaires de la Tréforerie,

le Secrétaire de la Colonie , celui qui tient le regiftre des hypotheques & contrats de vente, l'Avocat Général & le Receveur des Poudres feront choifis par fcrutin par l'Affemblée générale & le Confeil légiflatif concurremment, & ils recevront leur Commiffion du Préfident & Commandant en Chef, qui les confervera dans leurs emplois tant qu'ils fe comporteront bien ; mais ils pourront en être deftitués à la requifition de l'Affemblée générale & du Confeil légiflatif.

Section vingt-troifieme.

Tous les Officiers de l'Etat-Major dans l'armée & tous les Capitaines dans la marine feront choifis par fcrutin par l'Affemblée générale & le Confeil légiflatif concurremment ; & ils recevront leur Commiffion du Préfident & Commandant en Chef, de qui tous les autres Officiers dans l'armée & dans la marine recevront pareillement la leur.

Section vingt-quatrieme.

EN cas de vacance d'aucun des

O iij

emplois ci-deſſus, qui ſont à la nomination de l'Aſſemblée générale &
du Conſeil légiſlatif, le Préſident &
Commandant en Chef, de l'avis & du
conſentement du Conſeil-Privé pourra
nommer d'autres perſonnes à la place
de celles qui ſeront venues à manquer, en attendant que l'Aſſemblée
générale & le Conſeil légiſlatif pro-
cedent à une nouvelle élection pour
les emplois vacans.

Section vingt-cinquieme.

LE Préſident & Commandant en
Chef, de l'avis & du conſentement
du Conſeil-Privé, pourra, pour le
tems qu'il lui plaira, & en attendant
d'autres réſolutions à cet égard de la
part de l'Aſſemblée générale & du
Conſeil légiſlatif, nommer tous les
autres Officiers néceſſaires, excepté
ceux que la Loi preſcrit de choiſir
autrement.

Section vingt-ſixieme.

Le Préſident & Commandant en
Chef n'aura nul pouvoir de faire la
guerre ou la paix, ou de conclure
aucun traité définitif ſans le conſen-

têment de l'Affemblée générale & du Confeil légiflatif.

Section vingt-feptieme.

DANS le cas où une Paroiffe ou Diftrict négligeroit d'élire un Membre ou des Membres au jour de l'élection, ou s'il arrivoit qu'aucune perfonne choifie pour être Membre de l'Affemblée générale, refufât de produire fes qualités, & de prendre féance, qu'elle vînt à mourir ou à quitter la Colonie, ladite Affemblée fixera des jours convenables pour élire dans ces cas refpectivement un ou plufieurs Membres de ladite Affemblée générale. A la mort de l'un des Membres du Confeil légiflatif ou du Confeil-Privé, il fera élu un autre Membre à fa place, en la maniere ci-deffus prefcrite pour l'élection refpective de l'un ou de l'autre de ces deux Confeils.

Section vingt-huitieme.

LES réfolutions du Congrès continental, qui font actuellement en vigueur dans cette Colonie, continueront à conferver leur force juf-

qu'à ce que le même Congrès vienne
à les changer ou à les révoquer.

Section vingt-neuvieme.

LES résolutions du présent Congrès ou d'aucun Congrès précédent de cette Colonie, ainsi que toutes les Loix qui y sont en vigueur actuellement & qui ne se trouvent point changées par la présente Constitution, continueront à subsister jusqu'à ce qu'elles viennent à être changées ou révoquées par la Législature de cette Colonie, à moins qu'elles ne soient que pour un certain tems; dans lequel cas elles expireront aux termes respectifs fixés pour leur durée.

Section trentieme.

L'AUTORITÉ exécutrice résidera dans la personne du Président & Commandant en Chef, sous les clauses & restrictions mentionnées ci-dessus.

Section trente-unieme.

LE Président & Commandant en Chef, le Vice-Président & le Conseil-Privé de cette Colonie auront respectivement les mêmes privileges personnels qui ont été alloués par acte d'Assemblée au Gouverneur, au Lieutenant-Gouverneur & au Conseil-Privé.

Section trente-deuxieme.

TOUTES les personnes actuellement en place, conserveront leurs Commissions jusqu'à ce qu'il se fasse une nouvelle nomination en la maniere prescrite ci-dessus ; & alors toutes les nouvelles Commissions qui ne seront point dérivées de l'autorité du Congrès de cette Colonie, cesseront & seront nulles.

Section trente-troisieme.

TOUTES les personnes choisies & nommées pour un emploi ou une place de confiance prêteront le serment suivant, avant d'entrer en exercice de leurs fonctions.

Moi N. N. je fais serment que je soutiendrai, maintiendrai & défendrai, autant qu'il sera en mon pouvoir, la Constitution de la Caroline Méridionale telle qu'elle a été établie par le

O v

*Congrès le vingt-six Mars mil sept cent
soixante-seize, jusqu'à ce que les diff.-
rends entre la Grande-Bretagne & l'A-
mérique soient arrangés, ou que je serai
relevé de mon serment par l'autorité législative de ladite Colonie : ainsi Dieu
me soit en aide.*

Toutes les autres personnes semblables prêteront un pareil serment.

Section trente-quatrieme.

LES salaires annuels suivans seront alloués aux Officiers publics
nommés ci-après :

Le Président & Commandant en
chef, neuf mille livres (argent de
la Caroline).

Le Chef de Justice & les Juges
ses assistans, auront respectivement
les salaires qui leur ont été assignés
par acte de l'assemblée.

L'Avocat général, deux mille cent
livres pour lui tenir lieu de toutes
rétributions sur le trésor public à
titre d'épices, pour les poursuites
dans les affaires criminelles.

L'Ordinaire, mille liv. sterl.

Les trois Commissaires de la Tréforerie deux mille livres fterling chacun.

Tous les autres Officiers publics auront les mêmes falaires qui leur ont été alloués refpectivement par l'acte d'affemblée.

Par ordre du Congrès, le 26 Mars 1776.

WM. HENRI DRAYTON, Préfident.

Contre-figné, PETER TIMOTHY, Secrétaire.

O vj

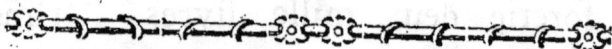

ADHÉSION de la Ville de GEORGE - TOWN à la nouvelle forme de Gouvernement, dans la Caroline-Méridionale.

A la Cour des Seſſions générales de Paix, &c. tenue à GEORGE-TOWN, dans la Caroline Méridionale, le 6 Mai 1776.

DÉNONCIATION *du Grand Juré du Diſtrict de* GEORGE-TOWN.

I.

LORSQU'UN Peuple, toujours ſoumis & affectionné au ſyſtême de Gouvernement formé pour ſon bonheur, & ſous lequel il a long-tems vécu, trouve que par la baſſeſſe & la corruption de ſes Adminiſtrateurs, les loix deſtinées au maintien de ſes droits ſacrés & inaliénables, ſont pervertis en inſtrumens ſacrileges

d'oppreffion; & qu'au mépris de
tout pacte focial & des obligations
générales de Juftice, ceux même qu'il
a conftitués pour le gouverner & le
protéger, cherchent tous les moyens
de le mettre fous le joug & de le
détruire, les loix Divines & hu-
maines l'autorifent à employer pour
le redreffement de fes griefs, ceux
que lui indique le defir de fa propre
confervation. C'eft avec la joie la
plus vive que nous avons vu cette
Province, jadis heureufe, s'attacher
malgré tous les efforts criminels que
font fes ennemis Britanniques pour
l'affujettir & l'opprimer, & tandis
qu'elle eft en proie à toutes les horreurs de la guerre, à perfévérer dans
ce fyftême de paix pour lequel elle
eft armée, en formant la Conftitution de Gouvernement la plus équitable & la plus defirable que l'efprit
humain puiffe imaginer, pour con-
vaincre ainfi l'Univers de la juftice
de fes intentions & de fes égards
pour les droits de l'humanité. La
Conftitution actuelle de Gouvernement formée par le dernier Congrès
de cette Colonie, promet à tous les

habitans tous les heureux effets qui
peuvent réfulter de la fociété. Elle eft
égale & jufte dans fes principes autant
que fage & vertueufe dans fes fins. Ainfi
toute efpérance de liberté, de fûreté &
de bonheur futurs, font affurés à
nous-mêmes & à notre poftérité;
& notre vertueufe perféverance en
rendra la poffeffion perpétuelle. Ces
confidérations peuvent-elles manquer
d'affurer la fatisfaction la plus douce
à tout bon Citoyen? S'il fe trouve
faire partie d'une communauté où la
vertu feule eft fouveraine, où la
tyrannie ne trouve point d'afyle, &
où tout fyftême d'oppreffion eft re-
gardé avec horreur, ne travaillera-
t-il pas de toutes fes forces, fans
être arrêté par la confidération d'aucun danger, à maintenir ce glorieux
avantage contre quiconque ofera y
porter atteinte? S'il exiftoit quelque
miférable affez dépourvu de tout principe d'humanité pour marquer le
moindre mécontentement de ces ar-
rangemens, nous le regardons comme
indigne de la fociété des hommes.

I I.

Nous ne pouvons nous empêcher d'exprimer notre satisfaction du choix des Officiers publics actuels qui ont reçu leurs titres de notre Constitution. La forme de leur nomination est fondée sur la justice & l'impartialité la plus stricte : la durée donnée à leur pouvoir, est conforme à tous les principes de sûreté pour le Peuple ; & le mérite personnel de tous ceux qui sont en place, leur a attiré cette confiance si générale & si méritée.

I I I.

Lorsque nous réfléchissons à l'harmonie générale qui regne actuellement dans cette partie de la Colonie, & à la sensation aussi prompte qu'universelle que doivent produire les bons effets de notre Gouvernement, nous nous flattons de voir cette Colonie, l'objet de tant de vexations & d'outrages, jouir bientôt d'un état de félicité & de liberté, dont jusqu'à présent elle n'avoit eu aucune idée.

Enfin, nous demandons la per-
miſſion de préſenter nos ſinceres re-
mèrciemens à M. le Juge Mathews
pour le Diſcours patriotique & vi-
goureux qu'il a prononcé à l'ouverture de cette ceſſion, & nous de-
ſirons que cet Arrêté, qui contient
nos ſentimens & nos remerciemens,
ſoit imprimé dans les Papiers publics.

BENJAMIN YOUNG, premier Juré,

CONSTITUTION

DE LA CAROLINE

MÉRIDIONALE.

En Conseil Législatif, du 3 Février 1777.

Ordonné que le Bill intitulé : *Bill pour établir la Constitution de l'Etat de la Caroline Méridionale*, soit imprimé & rendu public, tel qu'il a été envoyé à cette Chambre par l'Assemblée générale.

Par ordre de la Chambre.

Thomas Farr, Clerc (Greffier).

Bill pour établir la Constitution de l'Etat de la Caroline Méridionale.

Attendu que la forme de Gouvernement convenue & arrêtée par les Hommes libres de ce Pays, assemblés en Congrès le vingt-sixieme jour de Mars dernier, n'étoit que provisoire, calculée pour & appropriée à la situation des affaires publiques, à cette époque, sous la perspective d'un accommodement avec la Grande-Brétagne, événement desiré alors :

Et attendu que les Etats Américains se sont depuis constitués *Etats indépendans*, & que le lien politique qui avoit subsisté jusqu'à ce moment entr'eux & la Grande-Bretagne a été entierement rompu par la déclaration de l'honorable Congrès continental, en date du quatrieme jour de Juillet dernier, pour les nombreuses, grandes & importantes raisons qui y sont particulierement développées. Il devient absolument nécessaire d'arranger une Constitution permanente, telle que l'exige ce grand événement.

Qu'il soit en conséquence établi & statué par son Excellence Jean Rutledge, Ecuyer, Président & Commandant en Chef dans l'Etat & sur l'Etat de la Caroline Méridionale, par l'honorable Conseil législatif & la Chambre des Représentans, & par leur autorité, que les articles fuivans, arrêtés par les Hommes libres de cet Etat, actuellement affemblés en Af-femblée générale, foient de ce mo-ment & pour toujours, (à moins qu'ils ne foient changés par l'autorité légiflative de cet Etat), regardés comme la Conftitution & la forme de Gouvernement dudit Etat.

Section premiere.

LE titre de ce Pays fera déformais, *Etat de la Caroline Méridionale.*

Section deuxieme.

L'AUTORITÉ légiflative fera con-fiée à un Confeil légiflatif, & à la Chambre des Repréfentans (1).

---

(1) Dans le texte, la dénomination de *Général Affembly* eft employée à la fois pour l'une des Chambres de la Légiflature, & pour la réunion des deux ; nous avons cru devoir éviter la confufion qui en ré-fulte, en appellant *Chambre des Repréfentans,* la Chambre particuliere, & en confervant le nom d'*Affemblée générale* pour la réunion des deux.

Section troisieme.

AUSSI - TÔT qu'il sera possible , après leur premiere séance , le Conseil législatif & la Chambre des Représentans réunis en Assemblée générale , éliront au scrutin, soit d'entre leurs Membres , soit d'entre l'universalité du Peuple , un Président & Commandant en Chef , un Vice-Président de l'Etat , & un Conseil-Privé , pour demeurer les uns & les autres en charge pendant deux années : & jusqu'à ce que ce choix soit fait, le Président & Commandant en Chef, le Vice-Président & le Conseil-Privé , premiers élus & actuellement en charge, continueront d'exercer leurs fonctions respectives.

Section quatrieme.

SI un Membre du Conseil législatif ou de la Chambre des Représentans est élu Président & Commandant en Chef ou Vice-Président , & s'il en exerce les fonctions, sa place sera vacante , & on élira une autre personne pour la remplir.

Section cinquieme.

TOUTE personne qui sera élue Président & Commandant en Chef de l'Etat, ou Vice-Président, ou Membre du Conseil-Privé, devra faire preuve des qualités suivantes, savoir:

Le Président & le Vice-Président, d'avoir résidé dans cet Etat pendant dix ans, & les Membres du Conseil-Privé pendant cinq ans immédiatement avant leur dite élection, & de posséder dans cet Etat une terre en valeur ou franche-tenue, en toute propriété & chacun en droit soi, valant au moins dix mille livres argent courant, libre de toutes dettes; & lors de leur élection, ils présenteront leurs preuves sous serment dans l'Assemblée générale.

Section sixieme.

AUCUN Président ou Commandant en Chef, élu à l'avenir, après avoir servi ses deux ans, ne sera éligible, pour remplir de nouveau ledit Office, qu'après quatre années entierement révolues, depuis le jour où il sera sorti de charge.

Section septieme.

AUCUNE personne dans cet Etat ne pourra posséder, dans un seul & même tems, l'Office de Président ou de Vice-Président, concurremment avec un autre Office ou Commission civile ou militaire, excepté dans la milice, soit dans cet Etat, soit sous l'autorité du Congrès continental.

Section huitieme.

DANS le cas où le Président & Commandant en Chef viendroit à mourir, ou s'absenteroit de l'Etat, le Vice-Président lui succédera dans son Office, & le Conseil-Privé choisira parmi ses Membres un Vice-Président de l'Etat. Et dans le cas où le Vice-Président viendroit à mourir, ou s'absenteroit hors de l'Etat, un des Membres du Conseil-Privé, choisi par ses Collegues, lui succédera dans son Office jusqu'à ce qu'il ait été fait par la Chambre des Représentans & le Conseil législatif une nomination à ces Offices respectifs, pour le tems que l'Officier mort ou absent devoit encore rester en place.

Section neuvieme.

Le Conseil-Privé , dont le Vice-Président de l'Etat sera de droit Membre & Président , sera composé de neuf Membres , y compris le Vice-Président ; & la présence de cinq de ses Membres suffira pour lui donner l'activité ; mais il est déclaré qu'aucun Officier de terre ou de mer, au service, soit du continent , soit de cet Etat , & qu'aucun Juge d'aucune des Cours de Loi ne seront éligibles , & que le pere , le fils ou le frere du Président actuellement en charge , ne pourront être élus Membres du Conseil privé pendant la durée de son administration.

Un Membre du Conseil législatif ou de la Chambre des Représentans , élu Membre du Conseil-Privé , ne perdra pas pour cela sa place dans le Conseil législatif ou dans la Chambre des Représentans , à moins qu'il ne soit élu Vice-Président de l'Etat ; dans lequel cas sa place sera vacante , & il sera élu une autre personne pour la remplir. Le Conseil-Privé est établi pour donner ses conseils au Président

& Commandant en Chef lorfqu'il les lui demandera ; mais le Préfident ne fera obligé de le confulter que dans les cas prefcrits par la loi. Si un Membre du Confeil-Privé meurt ou quitte cet Etat, il en fera choifi un autre à fa place, en la maniere ci-deffus mentionnée.

Section dixieme.

DANS le cas où le Préfident s'ab-fenteroit de Charles-Town, ou feroit malade, le Vice-Préfident, ou en cas d'abfence de celui-ci, un Membre quelconque du Confeil privé, pourra être autorifé par un pouvoir figné du Préfident & fcellé de fon fceau, à remplir les fonctions de Préfident.

Section onzieme.

LE Préfident & Commandant en Chef fera revêtu de l'autorité exé-cutrice, dans les bornes & avec les reftrictions mentionnées ci-après.

Section douzieme.

LE dernier lundi de Novembre & le jour fuivant dans l'année de Notre Seigneur mil fept cent foixante-dix-huit,

huit, & à pareils jours dans la fuite
à chaque révolution de deux années,
chaque Paroiſſe & Diſtrict, faiſant
partie de cet Etat, élira au fcrutin un
Membre du Conſeil légiflatif, (à l'exception du Diſtrict des Paroiſſes de
Saint-Philippe & de Saint-Michel de
Charles-Town, qui élira deux Membres; & auſſi à l'exception du Diſtrict entre la riviere Large & celle
de Saludy, partagé en trois divi-
ſions:) favoir, le bas Diſtrict, le
Diſtrict de la petite riviere, & le
haut Diſtrict ou Diſtrict de Sparte,
chacune deſquelles dites diviſions
élira un Membre : tous ces Membres,
ainſi élus, s'aſſembleront le ſecond
lundi de Janvier dans le lieu accou-
tumé à Charles-Town, à moins que
les haſards de la guerre ou que des
maladies contagieuſes ne permiſſent
pas de s'y aſſembler en ſûreté; auquel cas le Préſident & Commandant en chef alors en charge, pourra,
de l'avis & avec le conſentement du
Conſeil privé, aſſigner par une proclamation un lieu de féance plus fûr,
plus commode, & pour deux années,
à compter dudit dernier lundi de

P

Novembre. Et perfonne ne fera éligible pour une place dans ledit Confeil avant d'avoir atteint l'âge de
trente ans. Il ne faudra pas moins
de treize Membres pour donner à ce
Confeil l'activité; mais l'Orateur ou
trois Membres préfens pourront l'a-
journer d'un jour à un autre. Aucune perfonne réfidente dans la Paroiffe ou dans le Diftrict pour lequel elle aura été élue, ne pourra
prendre féance dans le Confeil légiflatif, à moins de poffeder en toute
propriété dans ladite Paroiffe ou ledit Diftrict, une terre en valeur &
franche tenue, valant au moins deux
mille livres argent courant, libres de
toutes dettes. Et aucune perfonne
non réfidente ne fera éligible pour
une place dans ledit Confeil, à moins
de poffeder en toute propriété dans
la Paroiffe ou le Diftrict pour lequel
elle fera élue, une terre en valeur
& en franche tenue, valant au moins
fept mille livres argent courant,
libre de toutes dettes.

Section treizieme.

LE dernier lundi de Novembre &

le jour suivant, dans l'année de Notre-
Seigneur mil sept cent soixante-dix-
huit, & à pareils jours dans la suite
à chaque révolution de deux années,
on élira les Membres de la Chambre
des Représentans, qui devront s'assembler le second lundi de Janvier
prochain ensuivant, dans le lieu ac-
coutumé à Charles-Town, à moins
que les hasards de la guerre ou que
des maladies contagieuses ne permis-
sent pas de s'y assembler en sûreté,
auquel cas le Président & Commandant en chef, alors en charge, pourra,
de l'avis & avec le consentement du
Conseil privé, assigner par une proclamation un autre lieu d'assemblée
plus sûr, plus commode, & pour
deux années, à compter du dernier
lundi de Novembre.

Chaque Paroisse & district de cet
Etat enverra des Membres à la Chambre des Représentans dans les pro-
portions suivantes, savoir:

Les Paroisses de Saint-Philippe &
de Saint-Michel de Charles-Town,
trente Membres.

La Paroisse de Christ-Church, six
Membres.

La Paroiffe de Saint-Jean, dans le Comté de Berkley, fix Membres.

La Paroiffe de Saint-André, fix Membres.

La Paroiffe de Saint-George, Dorchefter, fix Membres.

La Paroiffe de Saint-Jacques, Goofe-Creek, fix Membres.

La Paroiffe de Saint-Thomas & Saint-Denis, fix Membres.

La Paroiffe de Saint-Paul, fix Membres.

La Paroiffe de Saint-Barthelemi, fix Membres.

La Paroiffe de Sainte-Helene, fix Membres.

La Paroiffe de Saint-Jacques, Santée, fix Membres.

La Paroiffe du Prince George, Winyah, fix Membres.

La Paroiffe du Prince Frederich, fix Membres.

La Paroiffe de Saint-Jean, dans le Comté de Colleton, fix Membres.

La Paroiffe de Saint-Pierre, fix Membres.

La Paroiffe du Prince Guillaume, fix Membres.

La Paroiffe de Saint-Etienne, fix Membres,

Le Diſtrict à l'eſt de la riviere Waterée, dix Membres.

Le Diſtrict des Quatre-vingt-ſeize, dix Membres.

Le Diſtrict de Saxe - Gotha, ſix Membres.

Le Diſtrict entre la riviere Large & la riviere Saludy, en trois divi-ſions, ſavoir :

Le bas Diſtrict, quatre Membres.

Le Diſtrict de la petite riviere, quatre Membres.

Le haut Diſtrict ou Diſtrict de Sparte, quatre Membres.

Le Diſtrict entre la riviere Large & la riviere Catawba, dix Membres.

Le Diſtrict appellé la nouvelle Ac-quiſition, dix Membres.

La Paroiſſe de Saint-Mathieu, ſix Membres.

La Paroiſſe de Saint-David, ſix Membres.

Le Diſtrict entre la riviere Savan-nah & la fourche nord d'Ediſto, ſix Membres.

Et il ſera procédé à l'élection deſ-dits Membres, autant qu'il ſera poſ-ſible, conformément aux clauſes de l'acte d'élection. Et dans le cas où il

n'y aura pas d'Eglifes ni de Marguilliers dans une Paroiffe ou Diftrict, la Chambre des répréfentans,
un tems convenable avant de fe féparer, défignera les lieux d'élection
& les perfonnes qui devront recevoir les fuffrages & dreffer les pro-
cès-verbaux.

Quant aux qualités des Electeurs,
tout homme libre, blanc & non
autre, reconnoiffant l'exiftence d'un
Dieu, & croyant à un état futur de
peines & de récompenfes, ayant atteint l'âge de vingt-un ans, ayant
été réfident & habitant dans cet Etat,
pendant l'année entiere qui aura précédé immédiatement la date des lettres
pour indiquer l'élection à laquelle il
prétendra voter, ayant une franche
tenue de cinquante acres de terre au
moins, ou un *Lot de Ville* (1), étant

_____

(1) L'origine de cette dénomination vient
de ce qui s'eft pratiqué lors de la fondation
de plufieurs Villes d'Amérique ; on divifa
d'abord le terrein où l'on devoit bâtir en
petites portions fuffifantes chacune pour
une maifon & un jardin. Chaque perfonne
qui avoit acheté mille acres dans le diftrict
eut droit à une de ces portions, qui furent

légalement faiſi & poſſeſſeur de l'un ou
de l'autre, ſix mois au moins avant ladite élection, ou ayant payé taxe l'année précédente, ou étant devenu ſuf-
ceptible de payer taxe la préſente année, ſix mois au moins avant ladite
élection, pour une ſomme égale à la
taxe impoſée ſur cinquante acres de
terre pour le maintien du Gouvernement, ſera réputé avoir les qualités requiſes pour voter, & ſera capable d'élire un ou pluſieurs repréſentans, pour une ou pluſieurs places
dans le Conſeil légiſlatif & dans la
Chambre des repréſentans pour la
Paroiſſe ou le Diſtrict où il réſide
actuellement, & jouira des mêmes
droits d'élection dans toutes les autres
Paroiſſes ou Diſtricts de cet Etat,
dans leſquels il poſſédera une ſem-
blable franche-tenue. Les Electeurs
feront preuve de leurs qualités ſous
le ſerment ou l'affirmation, s'ils en
ſont requis par l'Officier qui fera le
procès-verbal. Les qualités des ſujets

_____

numérotées & tirées au ſort; de-là leur eſt
venu le nom de *lot de Ville*, qu'elles portent encore.

élus, s'ils font réfidens dans la Paroiffe ou le Diftrict pour lequel ils
feront élus, feront les mêmes qui
font mentionnés dans l'acte d'élection, & les biens exigés devront
être libres de toutes dettes. Mais aucun homme non réfident ne fera éligible pour une place dans la Chambre
des repréfentans, s'il n'eft propriétaire, de fon chef, d'une terre en
valeur & franche-tenue, valant au
moins trois mille cinq cens livres
argent courant, libre de toutes dettes,
dans la Paroiffe ou Diftrict pour lequel il fera élu.

Section quatorzieme.

Si quelque Paroiffe ou Diftrict néglige ou refufe d'élire fes Membres,
ou fi les Membres élus ne fe rendent
pas à la Chambre des Repréfentans,
ceux qui s'y feront rendus, auront
les pouvoirs de la Chambre des Repréfentans. Il ne faudra pas moins de
quarante-neuf Membres pour conftituer une Chambre capable d'activité,
mais l'Orateur ou fept Membres
pourront ajourner d'un jour à un
autre.

Section quinzieme.

LORSQU'ON aura pu se procurer les éclaircissemens convenables sur la population particuliere & comparative, & sur les propriétés susceptibles d'être taxées dans les différentes parties de l'Etat, alors il sera établi pour le nombre des Représentans une proportion la plus égale & la plus juste, toujours eu égard au nombre d'habitans blancs, & aux propriétés d'un chacun susceptibles d'être taxées.

Section seizieme.

TOUS les Bills de levée d'argent pour le maintien du gouvernement, devront être faits en premiere instance dans la Chambre des Représentans, & ne seront ni changés, ni corrigés par le Conseil législatif, qui aura seulement le droit de les rejetter purement & simplement. Mais il ne sera tiré aucuns fonds du trésor public que par l'autorité législative de l'Etat. Tous les autres Bills ou Ordonnances pourront être faits en premiere instance dans la Chambre des

P v

Repréfentans, ou dans le Conſeil légiſlatif, & pourront être changés,
corrigés ou rejettés par l'une &
l'autre Chambre. Les Bills qui auront
paſſé dans la Chambre des Repréſentans & dans le Conſeil légiſlatif,
ſeront ſignés par le Préſident & Commandant en chef, alors en charge,
par l'Orateur du Conſeil légiſlatif,
& par celui de la Chambre des Repréſentans dans la Chambre du Conſeil, & auront alors la force & la
validité d'actes de l'aſſemblée générale de cet Etat. La Chambre des Repréſentans & le Conſeil légiſlatif jouiront reſpectivement de tous les autres privileges qui ont été dans aucun
tems prétendus, ou exercés par la
Chambre des Communes de l'aſſemblée.

Section dix-ſeptieme.

LA Chambre des Repréſentans &
le Conſeil légiſlatif pourront s'ajourner reſpectivement eux-mêmes, &
le Préſident & Commandant en chef
n'aura pas le pouvoir de les ajourner,
proroger ni diſſoudre. Mais dans les
cas de néceſſité il pourra, de l'avis

& avec le confentement du Confeil-
Privé, les convoquer avant le tems
pour lequel ils fe feront ajournés.
Et lorfqu'un Bill aura été rejetté,
il pourra être propofé de nouveau
dans une féance de la Chambre des
Repréfentans & du Confeil légiflatif
réunis, après cependant un ajournement qui ne fera pas moindre que
de trois jours.

Section dix-huitieme.

LA Chambre des Repréfentans &
le Confeil Légiflatif choifiront chacun
leurs Orateurs refpectifs & leurs
propres Officiers, par la voie du
fcrutin, fans pouvoir être troublés
dans ce choix. Et lorfque les Chambres feront en vacances, leurs Orateurs expédieront les lettres pour
pourvoir aux places qui viendront
à vaquer par mort dans leur Chambre refpective, en donnant avis trois
femaines au moins, & jamais plus
de trente-cinq jours à l'avance, du
tems indiqué pour l'élection.

Section dix-neuvieme.

Sı quelque Paroiffe ou Diftrict né-

P vj

glige d'élire un ou plufieurs de fes
Membres, le jour de l'Election, ou
fi un fujet élu Membre pour le Confeil Légiflatif ou la Chambre des Repréfentans, refufe de faire fes preuves, & de prendre féance en cette
qualité, ou s'il meurt, ou s'il quitte
l'état, ledit Confeil Légiflatif, ou
ladite Chambre des Repréfentans,
fuivant le cas, indiqueront des jours
convenables pour élire le Membre
ou les Membres defdits Confeil Légiflatif ou Chambre des Répréfentans refpectivement.

Section vingtieme.

Si quelque Membre de la Chambre
des Repréfentans ou du Confeil Légiflatif accepte quelque emploi de
profit, ou quelque commiffion, excepté dans la Milice, fa place vaquera, par ce feul fait, & il fe
tiendra une nouvelle Election pour
y pourvoir; mais il ne fera pas incapable pour cela de la remplir s'il
eft réélu, à moins qu'il ne fût nommé
Secrétaire d'Etat, Commiffaire de la
Tréforerie, Officier des Douanes,
Garde des Regiftres des ventes,

tranfports de propriétés & hypothé-
ques, Greffier de quelqu'une des
Cours de Juftice, Receveur des Poudres, Greffier du Confeil Légiflatif,
du Confeil-Privé ou de la Chambre
des Repréfentans, Arpenteur général
ou Commiffaire des magafins Militaires; lefquels Officiers font ici déclarés incapables d'être Membres,
foit du Confeil Légiflatif, foit de la
Chambre des Repréfentans.

Section vingt & unieme.

AUCUN Miniftre de l'Evangile ou
Prédicateur public, de quelque
croyance religieufe qu'il foit, ne
fera éligible à l'avenir comme Membre, foit du Confeil Légiflatif, foit
de la Chambre des Repréfentans.

Section vingt-deuxieme.

LES Délégués de cet Etat au Congrès continental, feront choifis annuellement au fcrutin par la Chambre
des Repréfentans & le Confeil Légiflatif réunis en affemblée générale;
& aucun article contenu dans la préfente conftitution, ne pourra être
entendu s'étendre à réputer vacante

la place de quelque Membre qui eft, ou fera par la fuite Délégué de cet Etat au Congrès continental, à caufe de cette qualité.

Section vingt-troifieme.

LE Vice-Préfident de l'Etat & le Confeil Privé, où le Vice-Préfident & une pluralité du Confeil-Privé, actuellement en charge, exerceront les fonctions, & auront les pouvoirs de Cour de Chancellerie : & il y aura un ordinaire (1), qui exercera les fonctions & aura les pouvoirs attribués jufqu'à préfent à cet Officier dans cet Etat.

Section vingt-quatrieme.

LA Jurifdiction de la Cour d'A-mirauté fera reftreinte aux caufes maritimes.

————————————————

(1) L'Ordinaire eft un Officier de Juftice qui donne les Lettres d'adminiftration pour les biens des gens qui font morts ; qui en-regiftre les teftamens ; reçoit les comptes des Exécuteurs teftamentaires & des Ad-miniftrateurs.

Section vingt-cinquieme.

LES Juges de paix feront nommés
par la Chambre des Repréfentans, &
recevront du Préfident & Commandant en chef une commiffion durable
à volonté. Ils n'auront droit à aucun
falaire, excepté dans les pourfuites
pour crimes capitaux, & lorfqu'ils
n'exerceront point les fonctions de
leur magiftrature : ils n'auront point
de droit aux privileges qui y font
attachés par la loi.

Section vingt-fixieme.

TOUS les autres Officiers de Juftice feront choifis au fcrutin par la
Chambre des Repréfentans & le Confeil Légiflatif réunis en affemblée
générale, &, à l'exception des Juges
de la Cour de Chancellerie, ils recevront du Préfident & Commandant en chef des commiffions durables tant qu'ils fe comporteront
bien ; mais ils feront révoqués fur
la demande de la Chambre des Repréfentans & du Confeil Légiflatif.

Section vingt-feptieme.

LES Shériffs ayant les qualités requifes par la loi, feront choifis dans chaque diftrict de l'Etat par les Francs-Tenanciers du diftrict refpectif, & recevront du Préfident & Commandant en chef une commiffion pour deux années feulement.

Section vingt-huitieme.

LES Commiffaires de la Tréforerie, le Secrétaire d'Etat, le Garde des Regiftres des ventes, tranfports de propriété & hypotheques, le Procureur - Général, le Receveur des Poudres, les Collecteurs, les Contrôleurs, les Douaniers & l'Arpenteur général, feront choifis au fcrutin par la Chambre des Repréfentans & le Confeil Légiflatif réunis en affemblée générale, & recevront du Préfident & Commandant en chef des commiffions durables tant qu'ils fe comporteront bien ; mais ils feront révoqués fur la demande de la Chambre des Repréfentans & du Confeil Légiflatif.

Section vingt-neuvieme.

TOUS les Officiers d'Etat-Major dans l'armée, & tous les Capitaines

de vaiſſeaux feront choiſis au ſcrutin
par la Chambre des Repréſentans &
le Conſeil légiſlatif réunis en Aſſemblée générale, & recevront des commiſſions du Préſident & Commandant en chef, excepté dans les cas
où ils devront tenir leurs commiſſions du Congrès ; & tous les autres
Officiers dans l'armée & dans la marine recevront leurs commiſſions du
Préſident & Commandant en Chef.

Section trentieme.

EN cas de vacance de quelques-
uns des Offices qui doivent, en conſéquence des articles précédens, être
remplis par le choix de la Chambre
des Repréſentans & du Conſeil légiſlatif, le Préſident & Commandant en
Chef, de l'avis & avec le conſentement du Conſeil-Privé, nommera
d'autres ſujets pour les exercer, juſqu'à ce qu'il ait été fait par la Chambre des Repréſentans & le Conſeil
légiſlatif une élection pour remplir
ces vacances reſpectives.

Section trente-unieme.

LE Préſident & Commandant en

Chef, de l'avis & du confentement du Confeil-Privé, pourra nommer, pour le tems qu'il jugera à propos, & jufqu'à ce qu'il en ait été autrement ordonné par une réfolution de la Chambre des Repréfentans & du Confeil légiflatif, tous les autres Officiers néceffaires, à l'exception de ceux qu'il eft ordonné par la Loi de choifir d'une autre maniere.

Section trentè-deuxieme.

LE Préfident & Commandant en Chef n'aura pas le pouvoir de commencer la guerre, de conclure la paix, ni de convenir d'un traité définitif, fans le confentement de la Chambre des Repréfentans & du Confeil légiflatif.

Section trente-troifieme.

LES réfolutions des précédens Congrès de cet Etat & toutes les loix qui y font actuellement en vigueur, (& qui ne font pas changées par la préfente Conftitution) continueront d'y être en vigueur, jufqu'à ce qu'elles foient changées ou abrogées par la Légiflature de cet Etat, à moins qu'elles n'euffent été faites pour un tems; auquel cas elles expireront dans les tems refpectivement déterminés pour leur durée.

Section trente-quatrieme.

LE Préfident & Commandant en Chef, le Vice-Préfident de cet Etat, & le Confeil-Privé auront refpectivement les mêmes privileges perfonnels qui font accordés par l'acte de l'Affemblée au Gouverneur, au Lieutenant du Gouverneur & au Confeil-Privé. Le Préfident & Commandant en Chef actuellement en charge, pourra, dans les tems de vacances de l'Affemblée générale, mettre des embargo, ou prohiber l'exportation de denrées quelconques, pour un tems qui n'excédera pas trente jours.

Section trente-cinquieme.

TOUTES perfonnes choifies & nommées à quelqu'office ou à quelqu'emploi de confiance civil ou militaire, avant de commencer l'exercice de leurs fonctions, prêteront le ferment fuivant:

Je N. — reconnois l'Etat de la Caroline Méridionale pour être un Etat libre, indépendant & souverain, & que le Peuple de cet Etat ne doit ni fidélité, ni obéiffance à George III, Roi de la Grande-Bretagne, & je renonce, refufe & abjure toute fidélité & obéiffance envers lui; & je jure ou affirme (fuivant le cas) que je foutiendrai, maintiendrai & défendrai de tout mon pouvoir ledit Etat contre ledit Roi George III, contre fes héritiers & fucceffeurs, & contre fes ou leurs fauteurs, affiftans & adhérens, & que je fervirai ledit Etat dans l'office de — que je poffede actuellement, ou dans tout autre office que je pourrai tenir dans la fuite, par la nomination ou fous l'autorité dudit Etat, avec fidélité & honneur, & fuivant tout ce que mon entendement & mes lumieres pourront m'indiquer de mieux.

Section trente-fixieme.

Il fera attribué aux Officiers publics mentionnés ci-deffus les appointemens annuels fuivans, au Préfident & Commandant en Chef, cinq mille

cinq cens trente-huit piaftres (1) &
demie ; au Chef Juge , deux mille cent
vingt-une piaftres ; aux Juges affiftans,
dix-fept cens vingt-quatre piaftres à
chacun ; au Procureur - Général ,
douze cens quatre-vingt treize piaftres
qui lui tiendront lieu de toutes pré-
tentions fur le public , pour falaires
dans les pourfuites criminelles ; aux
trois Commiffaires de la Tréforerie ,
douze cens trente - une piaftres à
chacun.

Section trente-feptieme.

TOUTES perfonnes & toutes Sociétés Religieufes qui reconnoiffent
l'exiftence d'un Dieu , un état futur
de peines & de récompenfes , & la
néceffité d'un culte public , jouiront
d'une libre tolérance. La Religion
Chrétienne fera réputée , & eft par
le préfent article conftituée & déclarée être la Religion établie dans cet

---

(1) Le *Dollar* n'eft autre chofe que la
piaftre Efpagnole ; il vaut à peu-près cinq
livres argent de France ; ainfi nous em-
ploierons le mot de *piaftre* comme le plus
généralement entendu.

Etat. Les Chrétiens de toutes dénominations qui se comporteront paisible-
ment & fidelement, jouiront dans cet
Etat de privileges égaux. Pour accom-
plir ce projet desirable, sans faire tort à
la propriété Religieuse de ces Sociétés
de Chrétiens qui sont déjà incorporées en vertu d'une Loi, pour l'objet
du culte Religieux, & pour donner
à toute autre Société de Chrétiens,
ou déjà formée, ou qui se formera
par la suite la pleine & entiere faculté
d'obtenir une pareille incorporation;
il est par le présent article établi,
prononcé & déclaré, que les différentes Sociétés de l'Eglise Anglicane,
qui sont déjà formées dans cet Etat
pour l'objet du culte Religieux, demeureront ainsi incorporées, & continueront de posséder les propriétés Reli-
gieuses dont elles sont actuellement
en possession : Et que toutes les fois
que quinze ou plus de quinze mâles,
n'ayant pas moins de vingt-un ans &
professant la Religion Chrétienne,
conviendront de s'unir ensemble en
société pour l'objet du Culte Religieux, ils formeront (en remplissant
les conditions mentionnées ci-après)

& feront conftitués une Eglife ; ils
feront réputés & regardés en Juftice,
par la Loi, comme étant de la Religion établie dans l'Etat ; & fur la
requête à la Légiflature, ils feront
autorifés à s'incorporer & à jouir de
privileges égaux à ceux des autres
Sociétés Religieufes; que toute Société
de Chrétiens ainfi formée, fe donnera à elle-même un nom ou dénomination quelconque, par lefquels
elle fera appellée & reconnue en
Juftice ; & que tous ceux qui s'y
affocieront pour l'objet du Culte,
feront réputés appartenir à la Société
ainfi appellée. Mais que, préalable-
ment à l'établiffement & l'incorporation des différentes Sociétés fufdites de toutes dénominations per-
mifes ci-deffus, & à l'effet d'y être
autorifée, chaque Société ainfi requé-
rante, devra reconnoître & figner
dans un livre à ce deftiné, les cinq
articles fuivans, fans laquelle formalité, aucun accord ni union faits
par des hommes fous prétexte de
Religion, ne les mettront en droit
de s'incorporer, ni d'être réputés

Eglife de la Religion établie dans cet Etat.

Article Ier : qu'il y a un Dieu éternel, & un état futur de récompenfes & de punitions.

Art. II : qu'il doit être rendu à Dieu un Culte public.

Art. III : que la Religion Chrétienne eft la vraie Religion.

Art. IV : que les Saintes Ecritures de l'ancien & du nouveau Teftament font d'infpiration divine, & font la regle de la foi & de la pratique.

Art. V : qu'il eft légitime, & qu'il eft du devoir de tout homme appellé à cet effet par ceux qui gouvernent, de rendre témoignage à la vérité.

Tout Habitant de cet Etat, appellé pour prendre Dieu à témoin de la vérité de fa dépofition, aura la permiffion de le faire dans la forme la plus convénable à ce que lui dicte fa confcience.

Le Peuple de cet Etat jouira pour toujours du droit d'élire fes propres Pafteurs ou fon Clergé ; & en même-tems, afin que l'Etat puiffe avoir une fûreté fuffifante, que les perfonnes

admifes

admifes au miniftere de tout établiffement Religieux, s'acquitteront duement des fonctions paftorales; aucun
Sujet ne pourra exercer le miniftere
d'aucune Eglife établie, à moins d'a-
voir été choifi par la majeure partie de la Société dont il doit être
Miniftre, ou par des perfonnes
nommées par ladite majeure partie
pour choifir & procurer un Miniftre
à la Société, ni après avoir été choifi
& nommé de cette maniere, jufqu'à
ce qu'il ait, outre & par-deffus les
cinq articles ci-devant dits, fait &
figné la Déclaration fuivante : qu'il
eft déterminé, avec la grace de Dieu
& le fecours des Saintes Ecritures, à
inftruire le Peuple confié à fes foins,
& à ne rien enfeigner (comme il eft
indifpenfablement néceffaire pour le
falut éternel) que ce qu'il fera per-
fuadé pouvoir être conclu des Saintes
Ecritures & prouvé par elles ; qu'il
fera des exhortations publiques &
particulieres, tant auprès des malades
qu'au troupeau entier confié à fes
foins, fuivant le befoin & les occafions, & qu'il fera exact à faire les
prieres, à lire les Saintes Ecritures,

Q

& à faire les études qui pourront
l'aider à en acquérir une parfaite connoiffance ; qu'il aura foin de fe conformer lui & fa famille, à la doctrine
du Chrift, & de faire de lui-même &
de fa famille, autant qu'il fera en lui,
des exemples falutaires & des modeles
pour le troupeau du Chrift ; qu'il
maintiendra & procurera, autant
qu'il lui fera poffible, la tranquillité,
la paix & l'amour parmi tout le Peuple Chrétien, & fpécialement parmi
ceux qui font ou feront confiés à fes
foins.

Perfonne ne troublera ni n'inquié-
tera une affemblée Religieufe, ni ne
fe fervira d'aucun terme de reproche,
d'aucun mot injurieux ni diffama-
toire contre aucune Eglife ; car c'eft
le moyen certain de troubler la paix
& d'empêcher les gens de fe convertir
à la vérité en les engageant dans des
querelles & des animofités, & leur
infpirant la haine de ceux qui pro-
feffent une croyance, & de la croyance
même à laquelle autrement on eût pu
les amener.

Toute perfonne confentant à s'af-
focier aux Chrétiens d'une dénomi-

nation quelconque, & à figner en préfence de cinq de fes Membres l'acte ou l'inftrument par lequel ils fe font formés en fociété, en deviendra Membre par cela feul. Toute perfonne qui effacera fon nom de l'acte ou inftrument ci-devant dit, ou dont le nom en fera effacé par une perfonne autorifée à cet effet par la Société à laquelle elle appartient, cefera d'en être Membre. Aucunes perfonnes, quelles qu'elles foient, ne parleront dans leurs affemblées Religieufes d'une maniere irrévérente ou féditieufe du Gouvernement de cet Etat. Perfonne ne pourra être légitimement obligé de payer pour le maintien & le foutien d'un Culte Religieux auquel il ne fe fera pas librement affocié, & qu'il ne fera pas volontairement engagé à foutenir. Mais les Eglifes, Chapelles, Presbyteres, fonds de terre & toutes autres propriétés actuellement appartenantes à quelques-unes des Sociétés de l'Eglife Anglicane, ou à quelques autres Sociétés Religieufes, leur demeureront & leur feront affurés pour toujours. Aucune perfonne qui ne feroit Mem-

Q ij

bre d'aucune des Eglifes de la Religion établie dans l'Etat, ne fera capable de poff_éder aucun emploi d'honneur, _de confiance ou de profit fous
l'autorité dudit Etat. Les mariages
feront célébrés, après une publica-
tion faite trois Dimanches différens
avant le mariage, dans quelque lieu
public de Culte, dans la Paroiffe ou
le Diftrict où réfide la femme, ou
bien d'après une permiffion qui devra
être adreffée à quelque Miniftre de
l'Evangile, fans fpécifier la dénomination, ni prefcrire la méthode de
célébration. Les pauvres feront fou-
lagés, & les élections conduites en la
maniere accoutumée, jufqu'à ce qu'il
ait été pourvu par des Loix à régler
ces matieres de la maniere la plus
équitable.

Section trente-huitieme.

AUCUN Eccléfiaftique, Prédicateur
ou Miniftre de l'Evangile, ne pourra
prétendre à plus d'exemption des
punitions infligées par la Loi, en
vertu de quelque privilege que ce
foit du Clergé, que fi ledit Eccléfiaftique, Prédicateur ou Miniftre

étoit Laïque ; mais tout Eccléfiaftique, Prédicateur ou Miniftre déclaré
coupable d'un délit fujet ou non par
la Loi au privilege du Clergé , fera
puni comme un Laïque.

Section trente-neuvieme.

AUCUNE partie de la préfente
Conftitution ne fera changée fans
qu'il en ait été donné avis quatre-
vingt-dix jours à l'avance; & aucune
partie n'en fera changée fans le confentement de la pluralité des Membres de la Chambre des Repréfentans
& du Confeil légiflatif.

Section quarantieme.

LA Chambre des Repréfentans &
le Confeil légiflatif ne procéderont
pas à l'élection d'un Préfident ou d'un
Vice-Préfident, qu'il n'y ait plus de la
moitié des Membres des deux Chambres préfens.

SERMENT *prêté dans l'Assemblée de la Province de MASSACHUSSETT-BAY.*

Nous soussignés protestons, certi-
fions & déclarons, chacun en droit
foi, devant Dieu & le monde, que
nous croyons véritablement que la
guerre, la résistance & l'opposition
dans lesquelles les Colonies-Unies de
l'Amérique font engagées présentement contre les flottes & armées de
la Grande-Bretagne, font de la part
desdites Colonies justes & nécessaires;
& nous promettons ici & nous engageons, conjointement & séparément envers chaque personne de cette
Colonie, qui a souscrit ou souscrira
cette Déclaration ou une autre de
la même teneur, que pendant ladite
guerre, nous n'aiderons, soutiendrons
ou assisterons d'aucune maniere, directement ou indirectement, aucune
des forces de mer ou de terre du Roi
de la Grande-Bretagne, ou qui que
ce soit employé par lui; que nous

ne leur fournirons aucunes fortes de munitions; que nous n'aurons nulle correſpondance ou communication avec qui que ce ſoit , & aucun des Officiers , Soldats ou Matelots appar-tenans à ladite armée ou marine ; que nous ne nous enrôlerons , ni ne forcerons qui que ce ſoit à s'enrôler au ſervice de terre ou de mer de la Grande-Bretagne , ni à prendre ou porter les armes contre cette Colonie ou aucune autre des Colonies-Unies , ni n'entreprendrons de fournir des Pilotes-Côtiers à aucun des bâtimens appartenans à ladite flotte ; ou enfin de les aider ou aſſiſter en aucune ma-niere ; mais au contraire, que nous défendrons , les armes à la main , de tout notre pouvoir les Colonies-Unies de l'Amérique , & chaque partie d'icelles contre tout projet d'hoſtilité des flottes & armées au ſervice de la Grande-Bretagne , vou-lant nous conformer entierement aux Loix de cette Colonie, qui ont déjà été ou qui ſeront ci-après promul-guées, concernant la diſcipline de la Milice.

INSTRUCTIONS *données par la Ville de BOSTON, au Congrès général.*

DANS un tems où, felon toute apparence, toutes les Colonies-Unies font à la veille d'une glorieufe révolution, & où par conféquent les importantes queftions qui jufqu'ici ont été agitées pardevant le Corps repréfentatif de cette Colonie touchant fa police intérieure, exigeront votre attention, vos Commettans croient néceffaire de vous inftruire des divers objets qui ferviront à régler votre conduite. Nous avons vu les humbles fuppliques de ces Colonies au Roi de la Grande-Bretagne, itérativement rejettées avec dédain. L'épée nous eft offerte, la liberté n'a que des fers à attendre, & il n'y a plus de fûreté que dans la mort. Les inftrumens de l'oppreffion hoftile font autorifés à nous ravir nos biens, à brûler nos maifons & à verfer notre fang. Toutes les Nations Barbares, qu'il a été poffible de gagner, ont été invitées à prêter la

main à l'exécution de ces affreux projets. Nous avons vu le Peuple Britannique affez deftitué de fentiment,
d'honneur & de vertu pour négliger
les appels les plus pathétiques & les
plus férieux, avec une indifférence
infenfible. Les efpérances que nous
avions fondées fur fon fecours, font
évanouies depuis long-tems. En un
mot, nous fommes perfuadés que le
Miniftere & le Parlement Britanniques ont pris la réfolution décidée
de réduire & d'affervir les Colonies,
& que le Peuple n'eft rien moins que
difpofé à s'y oppofer. Une réconciliation avec ce Peuple nous paroît
auffi dangereufe qu'abfurde. Un efprit de reffentiment, une fois fufcité,
n'eft pas facilement affoupi ; le fou-
venir des injures paffées, entretiendra toujours le feu de la jaloufie,
qui d'un côté excitera à établir de
nouvelles impofitions, de l'autre à
faire réfiftance; & le Corps Politique
en entier fe trouvera fans ceffe expofé
aux plus grands défordres. Ainfi nous
croyons qu'il eft abfolument impra-
ticable que ces Colonies rentrent
jamais fous la dépendance de la

Grande - Bretagne , fans mettre en danger l'exiftence même de l'Etat. Néanmoins , en mettant une confiance fans bornes dans les Confeils fuprêmes du Congrès , nous fommes réfolus d'attendre patiemment que fa fageffe dicte la néceffité de faire une Déclaration d'indépendance. Nous ne rifquerions d'exprimer nos fentimens fur cet objet que dans le cas où le Congrès defireroit de fe trouver appuyé du Peuple de chaque Colonie, avant d'adopter un parti qui les intéreffe toutes en général. C'eft pourquoi les Habitans de cette Ville defirent unanimement que dans l'Affemblée générale de la Colonie , les Délégués au Congrès foient munis d'inftructions, afin que fi le Congrès juge néceffaire pour la fûreté des Colonies-Unies de les déclarer indépendantes de la Grande-Bretagne , les Habitans de celle-ci le foutiennent cordialement aux dépens de leurs vies & de ce qui leur refte de biens.

F I N.